Juin 2020

PREFACE

L'engagement politique, loin d'une sinécure, est souvent un chemin jonché de mille difficultés. Depuis qu'il a été projeté au-devant de la scène politique nationale, en prenant les rênes de la présidence du CDP lors de son sixième congrès en 2015, Eddie Komboïgo mettait les pieds dans la machine infernale du monde politique. Il en méditera les conséquences dans son exil politique et durant son incarcération à la Maison d'arrêt et de correction des armées (MACA) de Ouagadougou en janvier 2016.

Le destin des grands hommes n'est jamais un long fleuve tranquille. Qu'on l'aime ou le déteste, M. Komboïgo ne laisse personne indifférent. Assurément, c'est l'un des hommes politiques de sa génération qui marquera l'histoire de son pays. Ambitieux, on le dit d'Eddie Komboïgo. Mais ce ne sont pas ses camarades du collège de Tenkodogo, de l'Université de Ouaga ou des écoles supérieures de Paris qui diront le contraire.

Encore moins, ceux qui l'ont vu au début des années 90 avec son seul parchemin en main, partir de rien, fonder et se hisser à la tête d'un des plus grands cabinets d'expertise-comptable africains.

 Au-delà de son génie dans les affaires, alors qu'il aurait pu continuer de prospérer à l'abri de toute inquiétude dans le business, Eddie Komboïgo s'engage fortement en politique, comme il le dit toujours, pour servir et non se servir. Aucun homme politique, n'a investi autant que Komboïgo dans des projets sociaux (écoles, collèges, CSPS, ambulances, forages, distribution de tonnes de céréales aux nécessiteux. Etc.) Oui, c'est un philanthrope à l'image d'un Oumarou Kanazoé, même s'il est loin d'avoir la fortune de cet autre natif du Passoré, qui a tant fait pour les Burkinabé de son vivant.

Faire de la politique, c'est surtout avoir de la vision et des idées. Eddie Komboïgo en a plein dans sa tête. En lisant cet ouvrage, on est frappé par la connaissance qu'il a de son pays le Burkina

Faso. Ses préoccupations tournent autour de l'insécurité dont le terrorisme, la stagnation économique, la jeunesse, l'éducation, la santé, le monde rural, la justice et la réconciliation nationale, pour ne citer que ces points. Il ne se contente pas de dénoncer, parfois en des termes très durs, la gouvernance actuelle du Burkina Faso, mais et surtout, il trace une vision qui s'appuie sur des propositions claires pour remettre le pays sur les rails. Cet homme-là est un animal politique. Pugnatif, il n'a pas peur de l'adversité. Toujours au four et au moulin, il refuse la résignation et le fatalisme. Eddie Komboïgo croit à la capacité des Burkinabè de rebondir pour bâtir leur pays dans la réconciliation. La réconciliation est la trame même de sa vision politique. Convaincu que les burkinabè ne pourront jamais relever les défis du développement et de la cohésion sociale, sans réconciliation de ses compatriotes de l'"intérieur et de l'extérieur. Dans sa vision, la jeunesse représente le segment clé de la renaissance du

Burkina Faso. Il énonce dans son livre les axes majeurs d'une politique ambitieuse en faveur de la jeunesse.

Eddie Komboïgo assume sans complexe l'héritage de Blaise Compaoré et endosse autant les succès que les insuffisances ou les erreurs de son régime. Cependant, à l'ombre de son mentor, il trace sa voie, conscient de l'évolution des mentalités au Burkina Faso. La jeunesse qui au cœur de son programme politique attend des changements qui soient en phase avec leur génération.

« Mon ambition pour le Burkina Faso » est une œuvre de qualité. Elle est surtout un appel à reformer le Burkina Faso pour un avenir meilleur. Pour cela, le président du CDP est convaincu d'être le meilleur des candidats pour conduire le Burkina Faso dans une nouvelle ère de paix, de réconciliation et de prospérité.

Beyon Luc Adolphe TIAO

Ancien Premier Ministre

4
Table des matières

CHAPITRE I 25

Penser l'homme burkinabè et son devenir autrement 25

I.   Fondements anthropologiques d'un vaillant peuple 25

   1) L'intégrité, la dignité et l'humilité notre identité 25

   2) Monde rural et traditions, des socles de notre société
  30

II.   Demain, une société meilleure 33

   1) La Sécurité, la paix et prospérité 33

   2) L'égalité des sexes, un choix fondamental de société
  35

CHAPITRE II 40

Réconciliation et cohésion sociale, piliers de la démocratie
....40

I.   La fracture sociale 40

   1) L'empreinte de l'insurrection 40

   2) Tensions intercommunautaires inédites 42

II. Réconciliation et cohésion nationale une voie
incontournable 46

   1) Le vivre ensemble, une exigence de solidarité et de
   sécurité 46

   2) Une opposition forte, un signe de vitalité de la
   démocratie 50

   3) Des états généraux de la nation 53

4) Retour des exilés et justice équitable 58

5) Mon projet de société 62

CHAPITRE III 68

L'éducation et la santé avant tout 68

I.   De l'éducation 68

1) Un pôle d'investissement privilégié 68

2) De la responsabilité familiale dans l'éducation 71

3) Sortir l'école de la crise 74

4) Des solutions pour une école nouvelle 75

II.   De la santé 82

1) La promotion de la santé et de l'hygiène des
populations 85

2) La gouvernance 87

3) Les ressources humaines 87

4) Les médicaments 89

5) Les infrastructures et équipements médicaux 90

6) La lutte contre les maladies évitables et la
surveillance accrue des maladies émergentes 91

7) La lutte contre les maladies infectieuses 93

8) La santé sexuelle des jeunes 94

9) L'assurance maladie universelle 95

CHAPITRE IV 96

Jeunesse, monde rural et développement durable 96

I.   La jeunesse force motrice de notre avenir 96

　1) Le chômage entre réalité et mythe chez les jeunes . 96

　2) Les causes structurelles du chômage des jeunes ... 100

　3) Repartir sur de bonnes bases. 105

　4) Rompre l'inadéquation du système éducatif et des formations professionnelles avec les besoins du marché de l'emploi 108

　5) Promouvoir l'entreprenariat ou l'auto- emploi 110

　6) Des programmes massifs de création d'emplois 111

II.Pour une économie forte,transformer le monde rural 112

　1) Diagnostic de I'état du monde rural 114

　2) Accroitre la productivité et la spécialisation du secteur agricole et pastoral 121

　3) Relancer la production industrielle par la promotion des chaines de valeur agricole 124

　4) De ma vision du développement du monde rural 126

III. Le développement durable, un pari pour les générations futures 136

　1) Faire face au changement climatique 136

2) Remettre le développement durable au centre des politiques 138

3) Les chantiers du développement 140

4) L'exploitation rationnelle des ressources naturelles142

5) Les ressources   minières 142

6) L'accès à l'eau et à l'assainissement 145

7) Urbanisation, assainissement et qualité de la vie. .. 147

CHAPITRE V 152

Les infrastructures poumons de l'économie 152

I.   Les routes 153

II.   Le chemin de fer 158

III.   L'Energie 161

IV.   L'économie numérique 172

CHAPITRE VI 179

Réforme de l'Etat, sécurité, défense et diplomatie 179

I.   La Réforme de l'Etat 179

1) De l'administration 179

2) La corruption 185

3) Des institutions de la République 187

4) L'organisation du territoire et les questions foncières 190

5) La justice..193

II. Nouvelles menaces et politique nationale 205

   1) L'urgence de mettre un terme au terrorisme..........209

   2) La réforme du secteur de la défense et de la sécurité
  210

   3) La lutte contre la pauvreté, les inégalités et
   l'ethnicisme..213

III.   Réhabiliter l'image du Burkina Faso....................217

   1)   La sécurité l'axe majeure de la diplomatie............217

   2) L'intégration sous-régionale un choix stratégique 220

   3) Une diplomatie offensive..221

CONCLUSION..228

AVANT-PROPOS

J'AIME MON PAYS

J'aime mon pays, le Burkina Faso, « le pays des hommes intègres ». Son histoire politique, de la période postcoloniale, à l'indépendance, des constructions démocratiques à la révolution, ont façonné cette nation mosaïque au cœur de l'Afrique de l'Ouest. Nul besoin de rentrer dans les détails de cette évolution socio-politique et économique, et qui a fait l'objet d'ouvrages de qualité par nombre d'historiens, de politologues et de sociologues. Mais l'Histoire retiendra surtout la longue période de stabilité politique, de construction démocratique et de développement économique sous la présidence de Blaise Compaoré. Au-delà des limites du régime Compaoré, le Burkina Faso n'avait jamais connu au paravent, une telle stabilité et paix intérieure que nous recherchons désespérément aujourd'hui.

En effet, comme un coup de tonnerre dans le ciel serein du Burkina Faso, les évènements des 30 et 31 octobre 2014 ont interrompu notre quiétude politique et rappelé à notre mémoire les affres des décennies d'Etat d'exception. Ce que certains ont appelé du nom d'insurrection populaire,[1] n'est en réalité qu'un double coup d'État institutionnel et politique fomenté par des activistes et des hommes politiques, avec la complicité d'une fraction d'officiers, ayant trahi leur mentor, le président Blaise Compaoré. Depuis, l'Etat de droit a fait place à l'arbitraire, l'injustice et la gabegie.

De même que j'aime mon pays, j'aime aussi son peuple, mes sœurs et frères burkinabè, mes compatriotes et tous les étrangers qui bénéficient de notre légendaire hospitalité. A ce peuple auquel la nature n'a pas été clémente on a collé, pendant longtemps l'épithète d'indigent dont le seul intérêt résiderait dans l'ardeur au travail de ses hommes et de ses femmes On prétendait qu'il était démuni de toute ressource naturelle et que la seule richesse dont il disposait était celle des

---

[1] J'emprunte ce concept, juste pour faciliter la compréhension de mes arguments, lorsque je fais référence au renversement du régime du président Blaise Compaoré.

hommes et des femmes. Soit. Nous savons tous que cette description est une image déformée de la réalité. Nous savons tous que notre peuple est doté de qualités exceptionnelles.

C'est un peuple travailleur qui, petit-à-petit, a bâti son pays afin de lui permettre de se tenir toujours debout, comme le lion d'Éthiopie, la tête haute, dans le concert des nations. Ce peuple s'est toujours distingué par sa résilience, sa capacité de résistance face aux difficultés de la vie que lui imposait cette nature hostile. Par ailleurs, ce pays n'a pas sombré dans des conflits ethniques même si le terrorisme a par endroit suscité des affrontements meurtriers intercommunautaires.

Notre pays, le Burkina Faso, longtemps considéré comme un pays démuni de ressources naturelles, présente à cet égard un autre visage, celui d'un territoire qui renferme d'importantes ressources naturelles. Quiconque s'intéresse tant soit peu à ce petit pays du sahel, sait qu'un certain nombre de minerais y sont exploités, pendant que d'autres ressources naturelles, qui n'ont pas encore fait l'objet d'extraction, y ont une existence prouvée, constituant une source indéniable de développement. Seulement, qu'en est-il ? A-t-on fait aux burkinabè un compte rendu exhaustif de ce potentiel ? Quels en sont les retombés pour le pays et pour les régions ou communes dans lesquels gisent ses minerais ? Telles sont entre autres des questions que l'on doit légitimement se poser.

Mon pays et son peuple, sont forts, mais aujourd'hui, ils sont à la croisée des chemins. Ce peuple est meurtri dans sa chair et dans son âme. Cet état de fait est suffisamment connu et le contenu de ce livre ne suffirait pas pour en faire l'exégèse.

De fait, depuis cette période de notre histoire récente, finalement regrettable, les espoirs ont été déçus, notre pays vit dans une imposture permanente, celle d'une certaine opinion publique burkinabè, très minoritaire, avide de vengeance personnelle contre l'ancien pouvoir, et particulièrement contre le président Blaise

Compaoré. Une imposture qui fait de l'arrivée au pouvoir du MPP un évènement relevant d'un malentendu politique majeur.

Bien sûr que je ne nie pas la responsabilité de notre parti dans les causes qui ont conduit au renversement violent de notre régime en fin octobre 2014. Si c'était à refaire, nous aurions sans doute abandonné assez rapidement l'idée de la modification de l'article 37 de la constitution. Nul ne peut, en effet, contester la légalité d'un tel projet, car la constitution elle-même l'y autorisait, et il était en soi complètement légitime, d'un point de vue politique de procéder à cette révision. Mais à cette époque, l'opposition à une telle réforme était si partagée par les chancelleries occidentales et l'opinion internationale, qu'elle a fortifié les acteurs politiques internes dont le seul objectif était de renverser le président Compaoré.

Notre parti en son temps, n'a pas eu de recul pour faire une analyse politique suffisante de la grogne nationale venant des organisations de la société civile et de la communauté internationale, toutes opposées à la modification de la constitution. Il n'en demeure pas moins que le président Blaise Compaoré a œuvré à donner au Burkina Faso ses lettres de noblesse, sans oublier son rôle plus qu'honorable de facilitateur et de médiateur dans les crises et conflits sous-régionaux.

En tout état de cause, qu'a apporté de mieux l'insurrection au vécu quotidien des burkinabé ? Le Conseil National de la Transition (CNT) aura été tout sauf une instance démocratique. Durant le laps de temps passé au pouvoir, il s'est acharné à exclure la majorité des burkinabé de la gestion de l'Etat. La fameuse loi Shérif Sy est à elle seule l'illustration de la haine en politique. Au total, la Charte de la Transition est une loi qui a été élaborée et arrangée par des juristes constitutionnalistes au service des vainqueurs du jour, contre une organisation politique particulière, le CDP, et un groupe particulier de citoyens burkinabè, tous les membres influents de l'ancien régime.

J'ai ainsi été empêché de jouir à l'époque, de mon droit constitutionnel de me présenter à l'élection présidentielle de 2015. De même, la plupart des cardes de mon parti ont eux aussi été exclus empêchés des élections législatives et municipales passées.

Or une loi qui outrepasse son caractère général, qui cible des individus en particulier n'est pas une bonne loi. En effet, droit du plus fort que constitue la charte de la transition est prolongé par le code électoral et ses textes d'application élaborés dans le même esprit, car il fallait par tous les moyens possibles, la fin justifiant les moyens, faire en sorte que les personnalités de l'ancien régime ne puissent pas avoir voix au chapitre sur le plan politique, et dissoudre par la même occasion le CDP. Cette loi, à l'évidence donc, n'avait d'autre objectif que d'empêcher au CDP de présenter toute candidature crédible et pertinente lors des élections présidentielles et législatives de 2015.

C'est pourquoi, je pense que la « charte de la transition » était partiale, intéressée et arbitraire, d'autant plus que votée et imposée par des personnes non représentatives des burkinabé dans leur composition socio-politique.

Arrivé au pouvoir avec l'arrangement des premiers responsables de la Transition, le MPP s'est illustré par une incompétence jamais connue à la tête de ce pays. Qu'est-ce que le peuple burkinabé pouvait-il attendre de cette gouvernance « mouta mouta »[2] d'hommes et de femmes qui n'avaient pas particulièrement brillé du temps où ils occupaient des postes de responsabilité sous le président Blaise Compaoré ?

Le Plan National de Développement Économique et Social (PNDES) qui a été annoncé tambour battant comme la panacée, le remède à

---

[2] Expression utilisée par le président Roch Marc Christian Kaboré pour caractériser une gestion peu vertueuse du gouvernement de transition. Même s'il n'a pas inventé cette expression populaire, il lui a donné une popularité qui ironie du sort, caractérise sa propre gouvernance.

tous les maux du Burkina Faso n'a pas répondu aux attentes des burkinabè. La formule « plus rien ne sera comme avant » qui, comme une antienne, est utilisée comme slogan politique fustigeant au passage l'ancien pouvoir dont les caciques du MPP étaient des acteurs de premier plan, parait juste mais pas dans le sens où elle est utilisée par le pouvoir actuel. Ceci est trop connu pour que l'on insiste, mais on peut constater que sur le plan social les grandes promesses faites n'ont pas été réalisées et les burkinabè n'ont constaté aucun changement dans leurs conditions de vie. Au contraire, la situation semble s'être empirée, car le prix du panier de la ménagère se vide de l'essentiel pour nourrir la famille.

Sur le plan économique, la situation est alarmante, avec une dette publique qui ne cesse d'augmenter d'année en année, exacerbant encore la pauvreté. Selon les spécialistes, le coût exorbitant du PNDES (12000 milliards de FCFA, soit 18 milliards d'euros environs) est un gouffre financier qui, s'il était réalisé, enfoncera encore plus l'économie burkinabè, car c'est l'aide extérieure qui sera mobilisée de façon majoritaire à cet effet. Mais, bonne ou mauvaise nouvelle, ce plan ambitieux, on le sait, est déjà un échec dont il faudra tirer les leçons.

En outre, comme je l'ai déjà dit, on sait aujourd'hui que le Burkina Faso dispose de ressources minières et naturelles non négligeables. Ce qui m'amène à m'interroger sur l'état de la situation de ces ressources. Il y a lieu, ce qui n'est pas encore le cas, que les Burkinabè soit informés sur l'état de ce qui existe objectivement comme ressources dans leur pays. Quelle est la part qui revient à l'État, c'est-à-dire au peuple burkinabè ? Cette part est-elle juste et équitable ? N'y va-t-il pas de l'intérêt du Burkina Faso que l'on renégocie les bénéfices de l'exploitation de ces ressources pour optimiser la répartition? Surtout, pour que les générations futures jouissent de ces richesses dont Dieu nous a comblées. On comprendra que sur ce plan ma position ne souffre d'aucune ambiguïté.

Sur le plan politique, contrairement aux promesses faites, le MPP n'a pas opéré le renouvellement de la classe politique. C'est essentiellement la vieille garde du CDP qui se retrouve encore aux avants postes du MPP et des hautes fonctions de l'Etat.

Nous avons fait notre mu au CDP et avons franchi le pas de la transformation et du rajeunissement de la direction du parti qui, si nous accédons au pouvoir, entrainera nécessairement un renouvellement de la gouvernance du pays, avec de nouvelles idées plus réalistes qui prennent la mesure des difficultés réelles du pays et de ses besoins.

L'autre aspect politique où le MPP a montré ses limites, c'est dans la lutte contre le terrorisme. La méthode qui a consisté à accuser le président Blaise Compaoré et des membres de son régime d'être auteurs de cette situation que nul n'aurait souhaité pour son pays, est restée inefficace, car personne ne peut accorder du crédit à de telles allégations à la limite diffamatoires qui résonnent comme un aveu d'impuissance.

Si l'on n'a pas connu de telles situations durant la gouvernance de Blaise Compaoré, c'est que lui savait faire la part des choses entre les intérêts supérieurs de son pays et tout autre intérêt. Il a toujours mis en avant, avec modestie et sans orgueil, l'intérêt supérieur et la sécurité des Burkinabè. Aussi, et c'est tout ce que le peuple burkinabè attendait de lui, fut-il bien inspiré de trouver les moyens de préserver cette sécurité. En effet, il faut bien comprendre qu'une telle situation ne se résout pas simplement par la guerre, il faut aussi une bonne dose d'actions politiques qui passent par la négociation diplomatique.

Sur le plan de la corruption, de la liberté d'expression et de la justice, nous avons fait un recul de quelques décennies. En effet, ce qui a commencé sous la Transition a continué tout en s'accentuant sous le pouvoir MPP faisant de la corruption, de la gabegie et du népotisme une méthode de gouvernement. A propos des atteintes à la liberté d'expression et d'opinion, il suffit, pour s'en rendre compte, de lire le nouveau code pénal adopté le 21 juin 2019 dont des dispositions visent à restreindre les libertés publiques, sous le prétexte de lutter efficacement contre le terrorisme. Sur le plan de la justice et concernant certaines affaires majeures, le MPP n'a fait que perpétuer la politique de l'arbitraire déjà en vigueur sous la Transition. Le procès du putsch manqué de 2015, a traîné en longueur avec son lot d'incohérences, le procès du dernier gouvernement de Blaise Compaoré, maintes fois retardé, semble se trouver dans une impasse.

En définitive, la gouvernance MPP constitue un exemple illustratif de démocratie non performante ; elle est l'expression d'une inertie politique par son incapacité à fournir des solutions aux problèmes sociaux et économiques que connait le Burkina Faso.

Dans une démocratie réelle, l'opinion constitue un véritable baromètre politique. Or, depuis l'insurrection populaire, nous vivons au rythme d'une opinion publique subjective et arbitraire dont nos gouvernants n'ont pas réussi à se départir. On ne gouverne pas dans ce cas, avec une opinion publique manipulée, mais avec un projet de société, une vision prospective et une certaine ouverture d'esprit. C'est ce qui fait défaut aujourd'hui au MPP, mais c'est précisément ce que je possède et que je propose au peuple du Burkina Faso. Ce sont justement les grandes lignes de cette vision et de ce projet que j'expose dans ce livre, que je veux partager avec mon peuple.

En effet, tout homme politique et toute femme politique qui aspire à la direction de la chose publique, aux plus hautes responsabilités de l'État, doit commencer par faire la preuve d'être un homme ou une femme d'État, un homme ou une femme d'action. Ce qui signifie qu'il doit être en capacité de proposer à son peuple une ligne directrice, des objectifs clairs et les voies et moyens pour y accéder. Autrement dit, il doit être capable de proposer un projet de société, bien avant de lui proposer un programme politique. En effet, comme dit l'Ecclésiaste, « il y a un temps pour toute chose sous les cieux ».

C'est donc pour moi le temps de rendre publique le projet de société qui est le mien, de dire aux Burkinabè que le sort qu'ils connaissent aujourd'hui n'est pas une fatalité, les difficultés sociales et économiques qu'ils rencontrent aujourd'hui ne sont pas le fait du hasard, mais d'une inaction politique, d'un manque de vision et d'une gouvernance médiocre. Quant à moi, je veux impulser au Burkina Faso une autre gouvernance mettant au centre de son action, le bien-être des femmes et des hommes du Burkina Faso.

Je tiens à préciser, que je n'éprouve de ressentiment à l'encontre de qui que ce soit. Je suis même ouvert à travailler avec mes adversaires politiques. Les Burkinabè doivent se retrouver pour travailler ensemble, dans le seul intérêt de notre pays.

CHAPITRE I

Penser l'homme burkinabè et son devenir autrement

## I.	Fondements anthropologiques d'un vaillant peuple

### 1)	*L'intégrité, la dignité et l'humilité notre identité*

Il est, pour moi, important de partir du sens même du nom de mon pays, Burkina Faso, pour penser l' « Homme Burkinabé ». Ce que j'entends ici par « Homme Burkinabè », évidemment, ce n'est pas seulement le genre masculin, mais il s'agit bien de la femme et de l'homme, car de même qu'il est écrit dans le livre de la Genèse que « Dieu créa l'homme à son image, (…), il créa l'homme et la femme »,[3] de même il est essentiel de penser l'humanité en général à l'aune de cette dualité originelle, et, pour ce qui me concerne, l'humanité burkinabè. Ainsi, le nom Burkina Faso, qui signifie « Pays des

---

[3] Bible : Génèse1-26

hommes intègres », prend en compte cette dualité dans son acception, puisque le substantif « burkinabè » désignant les femmes et les hommes du Burkina Faso renvoie bien à cette dualité. Il s'agit donc précisément de femmes et d'hommes intègres ; intégrité de femmes et d'hommes qu'il faut respecter et qu'il faut magnifier.

Qu'est-ce qu'en effet une organisation humaine sans des femmes et des hommes ? Cela n'existe nulle part, car c'est ainsi et personne ne peut y déroger, la société est constituée de femmes et d'hommes qui, au quotidien, œuvrent pour lui permettre tout simplement d'exister. C'est l'ensemble de ces femmes et de ces hommes qui, en terme politique, constituent le peuple.

Ce peuple burkinabè compte aujourd'hui 20 870 060 habitants (2019)[4], dont environ 50,3 % de femmes contre 49,7 % d'hommes. Une population à majorité rurale qui compte pour 70 %

---

4 . www.populationdata.net

environ, faisant de notre économie, une économie essentiellement basée sur l'agriculture même si, depuis quelques années, il existe une importante exploitation minière dans notre pays. On sait aussi que la population est extrêmement jeune. Malheureusement les statistiques précises ne sont pas disponibles. Ceux dont je dispose ont été puisées sur Internet.[5]

Ce rappel de certains aspects de l'état de la population burkinabé est important pour connaitre sa force afin d'envisager des objectifs de développement humain crédibles, car, la maîtrise démographique d'une population est incontournable si l'on veut atteindre certains objectifs de base liés aux politiques de la santé, de l'éducation, du logement, de la sécurité

---

[5] *Répartition par âge:*
0-14 ans : 44,28% (hommes 4.434.908 /femmes 4.307.438)
15-24 ans : 20,19% (hommes 1.980.755 /femmes 2.004.763)
25-54 ans : 28,82% (hommes 2.639.235 /femmes 3.051.333)
55-64 ans : 3,55% (hommes 304.642 /femmes 396.072)
65 ans et plus : 3,16% (hommes 273.031 /femmes 350.538) (2018 est.)

Source : <u>CIA World Facebook</u> - Version du 31 décembre 2019

alimentaire ou encore de la sécurité de la personne et des biens.

En effet ce qui fait la force d'un pays, d'un point de vue économique et politique, ce sont d'abord ses femmes et ses hommes. Sur le plan politique particulièrement, ce sont bien ces femmes et ces hommes qui consentent de se donner un leader à travers des élections libres et règlementaires. Je le disais, ce sont eux qui constituent le peuple qui n'est pas un instrument que les politiques doivent manipuler à leur guise à des fins personnelles et égoïstes. L'homme politique conscient que je suis, sait qu'il ne doit pas se servir du peuple, mais qu'il est élu pour servir le peuple. Ma volonté et mon ambition, c'est de reconnaître et d'accorder au peuple du Burkina Faso, aux femmes et aux hommes du Burkina Faso, toute leur valeur ; redonner leur dignité refusée et confisquée depuis quelques années.

Comme mon peuple, pour moi l'intégrité est le socle de la justice et du progrès social. C'est cette intégrité que je veux défendre et renforcer en commençant par donner à l'Homme burkinabè la place qui lui revient sur le plan politique, c'est-à-dire en le plaçant au centre du système politique. Ce que j'entends par là, c'est de faire en sorte que le burkinabè soit partie prenante de l'action politique qui le concerne, car il ne sera plus celui pour qui l'on pense mais celui qui pense pour lui-même. Il ne sera plus celui pour qui l'on agit mais celui qui agit pour lui-même. Je veux, tout simplement, faire du Burkinabè le maitre de son destin et l'acteur de son histoire.

D'abord le Burkinabè du monde rural. Ce monde et sa population, dans un certain imaginaire, fait l'objet de mépris pour des raisons diverses, sans fondement ni pertinence, liées à l'orgueil et à l'arrogance. Ce que les esprits méprisants et arrogants ignorent alors, c'est que ce monde est celui de l'humilité par excellence ; cette humilité qu'il n'est pas donné à tout le monde de posséder et de vivre. Or l'humilité, qui est la marque des grands hommes, inspire et exprime la sagesse, une vertu pratiquée par nos ancêtres vénérés. C'est grâce à cette humilité que ces femmes et ces hommes du monde rural sont convaincus que le bonheur n'est ni dans l'abondance, ni dans la satisfaction de désirs superflus. Ainsi, l'humilité est un humanisme, car celui qui est humble est nécessairement un altruiste qui fait don de soi aux autres, une attitude qui est illustrée par la qualité de l'hospitalité qui caractérise le monde rural. En effet, lorsqu'on y est reçu, ces femmes et ces hommes nous donnent de leur hospitalité, c'est-à-dire tout ce qu'ils ont, une attitude qui est l'expression d'une tradition millénaire.

2) Monde rural et traditions, des socles de notre société

Comme partout en Afrique, le monde rural burkinabè est en effet dépositaire de la tradition, une tradition diversifiée qui s'exprime à travers une soixantaine de communautés ethniques. Ces traditions véhiculent des valeurs qui sont d'un apport indiscutable pour les individus. Elles leur enseignent des principes leur permettant de s'insérer dans la société et de mener une vie ensemble en paix et en harmonie. Parmi ces valeurs et ces principes, il y a l'hospitalité que je viens d'évoquer, mais il y a aussi le respect de la dignité humaine et de l'autre, la solidarité et le partage, bien qu'il puisse aussi exister des dissensions et des malentendus. Telle est la leçon de vie que nous donnent ces femmes et ces hommes au quotidien. Sommes-nous à la hauteur de cet enseignement ? Telle est la question qu'il nous faut, nous politiques burkinabè, nous poser tous les jours.

Il nous revient donc, nous femmes et hommes politiques, de jouer sur le levier des aspects positifs de la vie de ces communautés rurales afin d'assurer leur épanouissement. La tradition devient dès lors un atout favorable permettant de mettre les individus en phase avec leur culture, tradition et histoire. C'est dire que la gouvernance moderne doit intégrer ces facteurs traditionnels, car on ne peut pas gouverner le Burkina Faso dans le mépris des traditions.

C'est dire, que nous avons beaucoup à apprendre de nos traditions dans la pratique de notre gouvernance. C'est pour cette raison que je considère qu'il est très important pour les politiques burkinabè de gouverner en s'inspirant aussi de la tradition, et la meilleure façon pour y parvenir, c'est d'écouter les dépositaires qui sont majoritairement, les populations rurales ; de les entendre et de prendre en compte leurs aspirations.

En effet, elles sont de bon conseil, et le dirigeant ne sera efficace que s'il leur permet de participer à leur propre gouvernance en leur donnant la parole, en leur permettant de faire des propositions, en somme en leur permettant en quelque sorte de prendre une part active à la gestion de ce qui nous concerne tous, la chose publique. N'est-ce pas ce qui fait que nous vivons en République ? N'est-ce pas ce qui donne tout son sens à la République ? Car mépriser le monde rural comme certains le font en ne revenant vers lui qu'à l'approche des échéances électorales, l'oubliant complètement après avoir été élu, c'est manquer de dignité et refuser toute dignité à une population de femmes et d'hommes intègres, c'est manquer d'élégance politique, et Dieu seul sait que la politique en a aussi besoin. Je reviendrai plus loin pour montrer en quoi l'avenir de notre pays passe nécessairement par la transformation du monde rural.

II. Demain, une société meilleure

1) La Sécurité, la paix et prospérité

Aussi, ai-je pour projet de réhabiliter ce peuple, de lui redonner, dans la société, la place qui lui revient de droit celle de l'institution dépositaire du pouvoir politique. Je veux rétablir ce peuple dans ses droits, en le mettant au centre du système politique. Qu'on le veuille ou pas, le monde rural est celui qui bénéficie le moins des progrès économiques et sociaux. C'est pour cela que mon engagement sera de lui assurer la sécurité, la paix et la prospérité.

Que l'on ne se méprenne pas, cependant, sur mon propos, car il ne s'agit pas pour moi de réduire le peuple burkinabè seulement aux populations rurales. Le peuple burkinabè comprend aussi les populations des villes dont le rôle est prépondérant dans la dynamique du pays. On sait aussi par ailleurs que la croissance démographique des populations de métropoles aussi grandes que Ouagadougou, Bobo-Dioulasso, Koudougou, Fada N'Gourma pour ne citer que celles-ci, n'est pas seulement liée à la natalité mais aussi à l'exode rural, c'est-à-dire aux déplacements des populations des zones rurales vers les villes. Ce qui fait que la dynamique sociale des villes détermine souvent la stabilité politique et économique d'un pays.

Donc, je reconnais aux populations urbaines, la place qui leur revient, car, à coup sûr, leur contribution au bien-être des Burkinabè est sans commune mesure. Elles sont aussi braves que les populations rurales avec un rôle socio-économique d'une grande importance. C'est pourquoi je ferai des villes les moteurs de notre progrès social.

Au total, rien ne peut se faire pour sortir le peuple burkinabè de la misère si on ne le rétablit pas dans ses droits. Or, si l'on n'est pas soucieux des droits inaliénables de notre peuple, nous ne pouvons pas revendiquer l'intégrité. L'intégrité n'est pas un vain mot, c'est un comportement qu'il faut adopter pour qui veut assumer des responsabilités dans notre pays.

2) L'égalité des sexes, un choix fondamental de société

Dans le même ordre, il nous faut œuvrer dans le sens d'une égalité entre la femme et l'homme aussi bien dans la représentativité politique que dans celles des hautes fonctions de l'administration et au plus haut sommet de l'État, car penser l'homme et la femme burkinabè autrement, revient aussi à prendre à bras le corps cette question cruciale qu'est la question du genre.

Il faut reconnaitre, à cet égard, que ces dernières décennies témoignent d'un engagement fort honorable de notre pays en faveur de la lutte contre les discriminations et les inégalités entre les hommes et les femmes. Ainsi, la Politique nationale genre mise en place et qui traduit bien cette volonté d'endiguer le fossé des inégalités entre hommes et femmes, en est une illustration. Des progrès importants ont été réalisés par exemple dans la prise en compte des femmes sur le plan politique leur consacrant des places privilégiées avec la loi sur le quota des femmes (30%) sur les listes électorales adoptée en 2009. L'on a aussi favorisé un accès plus important des filles et des femmes dans les domaines de l'éducation et de la santé. Cependant, en dépit de ces avancées non négligeables, les efforts sont insuffisants. Aussi, est-il nécessaire de franchir audacieusement d'autres étapes.

On pourrait, par exemple, porter le quota de 30% à 50%, dans le cas des élections législatives et municipales, c'est-à-dire que la constitution des listes se fasse en alternant un homme et une femme ou une femme et un homme. Évidemment, on peut reprocher à la loi d'induire une discrimination positive qui constitue un vrai sujet de divergence. Pour ma part, je n'y vois aucun inconvénient si cela est un moyen de faire de la place aux femmes, et si le choix d'une femme pour occuper une place n'est pas seulement lié à son genre mais aussi à ses compétences. Je préconise même qu'il faut d'abord regarder les compétences, tout en encourageant les candidatures féminines. L'idée, c'est qu'à compétences égales il faut privilégier les femmes dans le cas de situations où elles seraient en nombre inférieur, voire lésées. Je crois aussi une volonté politique forte pour briser les chaines afin que les femmes s'engagent davantage dans l'action politique.

Ainsi, je veux faire de l'égalité entre les hommes et les femmes une obligation morale, un impératif catégorique. C'est un choix pour l'avenir et un choix de société. Cela signifie qu'avant même de parler de légiférer à ce propos, il faut d'abord que cela soit une réalité dans nos comportements quotidiens. Ce sont donc les mentalités qui doivent commencer par changer. À y regarder de près, la loi sur l'égalité entre les hommes et les femmes ne concerne que les femmes en milieu urbain d'une part et, d'autre part, elle ne porte que sur le monde politique. Que deviennent toutes les autres femmes qui sont laissées-pour- compte ?

La perspective politique que je défends permet d'intégrer ces femmes du monde rural et toutes les autres. C'est dire la nécessité de mener une campagne de sensibilisation au plus près des espaces où la discrimination des femmes prend une dimension culturelle, comme c'est le cas dans le monde rural, pour éduquer ne serait-ce qu'au respect de la femme et à la nécessité de donner les mêmes chances et opportunités à la fille qu'au garçon en les inscrivant tous à l'école. Changer les mentalités est un travail de longue haleine mais ce n'est pas une mission impossible.

Enfin, la femme et l'homme burkinabè, c'est aussi celles et ceux de la diaspora qu'il ne faut jamais oublier dans notre démarche politique, car il y a des compétences qui n'attendent qu'à être mises au service du pays. Telle est ma conviction en ce qui concerne le burkinabè qui a toute ma confiance et sur qui je sais pouvoir compter le moment venu. En effet, mon engagement politique est celui d'un homme qui a foi en ses compatriotes au service desquels, il veut se mettre. Ma mission est de servir et non de se servir. Voilà autant de raisons qui fondent ma conviction sur la nécessité de penser l'Homme burkinabè et son devenir autrement.

CHAPITRE II

Réconciliation et cohésion sociale, piliers de la démocratie

I.   La fracture sociale

1) L'empreinte de l'insurrection

« Burkina Faso, quitte ta robe de misère »[6]. Cette paraphrase que je fais ici du livre de Baruch Ben Neria s'adressant à la Cité de Jérusalem, sans doute pour des raisons différentes de celles qui nous concernent et qui m'animent, s'applique de façon éloquente à notre Burkina Faso d'aujourd'hui. Il faut bien se l'avouer, le Burkina Faso connaît une situation de déconfiture qui ne saurait laisser personne indifférent. La société burkinabè est aujourd'hui marquée par une division sournoise et muette, et ses enfants vivent en permanence dans la méfiance vis-à-vis des autres, voire même dans la défiance.

Il suffit, pour s'en rendre compte, de se rappeler des violences gratuites dont ont été

[6] Cf. Livre de Baruch, chap. 5, v. 1. Il s'agit d'un livre deutérocanonique ou apocryphe de l'ancien testament.

victimes une frange bien ciblée des enfants du Faso lors des évènements des 30 et 31 octobre 2014 et après. Certes, cela n'était pas une guerre civile, et encore moins un conflit ethnique, mais cela reste un fait que des Burkinabè se sont dressés contre d'autres burkinabè, pour des raisons politiques, sinon subjectives.

L'on a utilisé une fraction de Burkinabè révoltés comme paravent pour réaliser une vengeance personnelle. Ici aussi, la justice doit passer, car il s'agit bien d'actes délictueux, voire criminels. Loin de moi toute idée de vengeance ou de revanche. A titre personnel, j'ai déjà pardonné à ceux qui ont brûlé mes biens et s'en sont pris à mes parents dont ma pauvre mère. La justice doit dans un esprit d'équité se pencher sur le cas de tous eux qui ont usé de la violence lors de l'insurrection. Il s'agit ici d'un problème éthique empreint d'injustice. On ne peut pas passer sous silence l'humiliation que l'on a sciemment imposée à certaines personnalités burkinabè.

2) **Tensions intercommunautaires inédites**

Enfin, dans le sillage des actions de terrorisme que subit le peuple burkinabè, on ne peut pas ignorer les actes de violences entre communautés qui s'exacerbent au fil du temps. Le massacre de Yirgou-Foulbé dans la commune de Barsalogo, (Sanmatenga), les 1er et 2 janvier 2019 est, à la fois, le résultat d'un climat de tension communautaire et la manifestation ouverte d'un conflit identitaire sous-jacent allumé sous le prétexte du djihadisme. Ce massacre perpétué par des groupes d'autodéfense mossé, contre des hameaux de culture peuls en guise de représailles contre l'assassinat du chef de village de Yirgou et son fils, a fait officiellement 50 morts, mais plus de 200 selon les humanitaires et organisations de la société civile.

Ce massacre est suivi le 31 mars 2019 de celui de Arbinda (Soum), perpétré par des fulsé contre des peuls. Le bilan des violences de Arbinda, s'élève à 62 morts. Alors que les terroristes abattaient 32 personnes, une trentaine d'autres   dont principalement des peuls sont assassinés dans des représailles ethniques. La disparition dans des conditions n'ont encore élucidées de 12 peuls dans la gendarmerie de Tanwalbougou a beaucoup choqué l'opinion publique burkinabè.

Yirgou, Arbinda et Tanwalbougou   ont ouvert la porte à divers conflits communautaires meurtriers non seulement dans le Nord et le Centre-Nord mais aussi dans l'Est. Je n'accuse pas le président Kaboré de n'avoir rien fait pour arrêter les conflits interethniques. L'échec de sa politique est dû à une absence de vison, d'anticipation et de courage pour arrêter cette gangrène qui s'étend progressivement dans le pays.

Comment en est-on arrivé là, que des communautés, mossé, fulbé, peuls et gourmantché   dont la tradition et la culture imposent le respect à des règles pour résoudre tout conflit, en sont arrivés à des violences avec morts d'hommes ? Qu'est-ce qui en est la cause ?

Quelles en sont les raisons ? Ce sont des traditions millénaires qui ont été bravées, foulées aux pieds et l'on est en droit de s'interroger sur un tel évènement (au sens historique du terme) qui interpellent les sociologues et les ethnologues, et qui, à une époque encore récente, était impensable. La lenteur de la justice dans ces dossiers sensibles ne fait qu'exacerber les tensions et nourrir les sentiments de règlements de compte dans la société.

Le moins que l'on puisse dire, c'est que des forces du mal tentent de dresser les Burkinabè les uns contre les autres dans le seul but d'instaurer le désordre et le chaos à des fins dont elles seules connaissent la finalité.

Fort des différents cas de figure que je viens d'évoquer, et la liste n'est pas exhaustive, on peut toujours s'interroger sur l'état de notre cohésion sociale aujourd'hui et demain si rien n'est fait. En effet, tout cela laisse des traces, et fait naitre d'autres frustrations. Or, on ne doit pas faire de l'escalade de la frustration et, partant, de la vengeance un projet de société. On ne peut pas non plus rester insensible à cette tension lancinante qui se répand comme du venin au sein de la société burkinabè. Il faut y faire face, prendre le taureau par les cornes et retourner à la racine du mal afin de l'extirper hors de notre société. Aussi, à l'image du livre de Baruch dont l'objectif était de donner du réconfort, de l'espoir et de la consolation aux fils de Jérusalem exilés à Babylone et dont le sort semblait sans issue, ai-je pour ambition d'édifier pour les filles et fils du Burkina Faso une société de paix, de justice, de cohésion et de sécurité, gages de démocratie.

Comme je viens de le montrer, la société burkinabè connait des tensions. De façon générale, elles semblent muettes, explosent peut-être marginalement et occasionnellement au grand jour, mais reste une réalité. Le fléau du terrorisme, qui n'arrange pas la situation, vient l'amplifier et l'exacerber. Les temps sont à tel point sans issue que même la liberté semble avoir déserté jusqu'au rêve des burkinabè. Or, une société qui n'est pas loin du conflit interne est vouée à sa propre perte, et une telle société remet en cause la nature même de la société, son essence, c'est-à-dire ce qui fait que nous faisons société. Un État moderne en tension est sur le point de rompre le contrat social qui l'a institué comme société, et s'il est en conflit, il a définitivement rompu ce contrat.

II. Réconciliation et cohésion nationale une voie incontournable

1) Le vivre ensemble, une exigence de solidarité et de sécurité

L'histoire de l'humanité, à travers les philosophes et les économistes, nous enseigne que la société est issue d'un besoin de solidarité et de sécurité, mettant en avant le caractère social de l'homme, son incapacité à être autosuffisant. Il a besoin de relations sociales, car l'isolement n'est pas son propre. En effet si les hommes ont décidé un jour de dépasser l'état de nature décrite comme un état de « guerre de tous contre tous », un état où « *homo homini lupus* », un état où c'est le règne de la loi du plus fort, c'est bien parce qu'ils ont pris conscience du danger et de l'insécurité issus de cette situation. Ils comprennent dès lors que les avantages d'en sortir sont plus importants que les inconvénients.

En outre, ils comprennent la nécessité de collaborer les uns avec les autres dans le sens de la division sociale du travail afin que chacun puisse s'assurer une subsistance par la répartition des tâches de production des biens nécessaires à la consommation. C'est ainsi que naît la société à l'origine, car, compte tenu de la précarité qui était le lot de l'homme dans l'état de nature, il fallait, comme écrit Rousseau, « trouver une forme d'association qui défende et protège de toute la force commune la personne et les bien de chaque associé »[7]. Tel est le sens du contrat social originel qui lit les hommes entre eux, faisant de la société civile le cadre idéal du vivre ensemble dans le respect mutuel des personnes et des biens. C'est

---

[7] J. J. Rousseau, Du contrat social, Paris, Flammarion, 1966, p. 51.

dire que la société sauve l'homme de lui-même en lui permettant en quelque sorte de réaliser son être d'homme, c'est-à-dire de nier la nature en lui pour devenir autre, de se transformer pour passer de la nature à la culture, de l'animalité à l'humanité.

Ainsi la notion de société rime avec celle de cohésion, car sans cohésion il n'y a pas de société. Ainsi les deux notions ensembles rimer avec celle de démocratie, car sans cohésion sociale il n'y a pas de démocratie. Or, c'est précisément cette cohésion sociale et conséquemment cette démocratie qui sont mises à mal dans le Burkina Faso d'aujourd'hui, me permettant de tirer la sonnette d'alarme avant qu'il ne soit trop tard.

La seule solution en mon sens, pour éviter toute catastrophe, est de faire en sorte de renouer les liens distendus entre Burkinabè, en somme de réconcilier les Burkinabè avec eux-mêmes, de réconcilier les Burkinabè les unes avec les autres, les uns avec les autres. Telle est l'obligation, tel est le devoir qu'il nous incombe, nous femmes et hommes politique du Burkina Faso. C'est ma vision de ce que doit être notre Burkina Faso. C'est le défi que je veux relever pour ce pays que j'aime. Seul le chemin de la réconciliation nous conduira vers la cohésion sociale qui nous permettra de renforcer notre démocratie vacillante. C'est justement ce chemin que je veux tracer avec, et pour les femmes et les hommes du Burkina Faso.

J'affirme donc ma conviction qu'on ne peut pas construire un État démocratique, une communauté de nation sur des sentiments relevant de l'orgueil, de la vengeance et de la haine   qui ne sont que l'expression d'une subjectivité et le signe d'une incompétence. Celui qui n'est pas capable de dépasser ses frustrations personnelles, mais les utilise comme la principale raison de ses actions politiques, est incapable de gouverner un pays avec le bon sens démocratique qu'il se doit. Sa gouvernance ne se réalisera que sous les oripeaux de la dictature, car il ne peut pas éviter de sombrer dans l'arbitraire. Pour ma part, je propose aux femmes et aux hommes du Burkina Faso une gouvernance véritablement démocratique qui passe par la réconciliation nationale dont je m'engage à en faire une réalité.

La réconciliation est un processus inclusif. De ce fait, elle ne peut advenir que si un dialogue politique et social, lui aussi inclusif s'instaure entre les acteurs politiques et ceux de la société civile. Dans ce sens, il faut réhabiliter l'opposition souvent considérée avec mépris par ceux qui nous gouvernent. Oubliant que leur accession au pouvoir est le résultat de leur passage même furtif par l'opposition.

2) Une opposition forte, un signe de vitalité de la démocratie

De même que la création du poste de chef de file de l'opposition fut une décision bien avisée en son temps, parce que ayant permis d'imposer l'opposition dans le paysage institutionnel national, l'institutionnalisation du dialogue politique est une bonne chose. Tout État démocratique doit faire la preuve de son caractère inclusif et démocratique. Sans en être la seule mise en évidence possible, le respect de l'opposition politique, sa reconnaissance comme entité essentielle de la démocratie par les gouvernants est une caution importante. En effet, il n'y a pas de démocratie sans contradiction qui prend la forme d'un débat critique, d'une discussion rationnelle ayant pour critère de validité le bien commun ou l'intérêt général. Dans cette perspective, le dialogue permanent entre ceux qui gouvernent et leur opposition est important.

Bien que l'opposition politique s'inscrive dans la perspective de l'exercice du pouvoir d'État, elle ne doit pas s'inscrire dans une opposition systématique, et ne peut se dérober, surtout en situation de crise ou de tensions sociopolitiques, de son devoir critique, celui d'une critique constructive. Dans le même sens, ceux qui gouvernent doivent faire preuve d'ouverture d'esprit pour entendre ce que dit l'opposition politique afin d'en tirer, de façon objective, les propositions susceptibles de servir l'intérêt général.

Par ailleurs, on peut s'interroger sur le nombre pléthorique de partis politiques qui existent dans ce petit pays qu'est le Burkina Faso. Sans doute que cela fait la démonstration d'une vie démocratique en pleine effervescence, d'une réalité démocratique vivace, mais cela montre aussi notre incapacité à nous réunir et nous accorder sous un étendard commun. En outre, cela apporte un discrédit supplémentaire à la notion de parti politique, car il y a des partis politiques dont les adhérents se limitent au cercle familial ou amical. La création de certains petits partis se fait sous l'instigation de quelques leaders de grands partis avec des visées électoralistes, c'est-à-dire pour entrer dans une coalition afin d'obtenir des postes ministériels. Cette habitude qui consiste à s'immiscer dans les affaires internes des partis politiques en vue de les casser est malsaine et dessert la démocratie. La loi « antitranshumance politique » prise dans les années 2000 pour empêcher que des députés migrent de leur parti à un autre après leur élection a été salutaire. Je proposerai une relecture de la charte des partis politiques afin de consolider les partis représentatifs ou ayant une envergure nationale pour renforcer la démocratie.

3) Des états généraux de la nation

Quoi qu'il en soit, compte tenu de l'importance de la tension sociopolitique que nous vivons, le dialogue politique, qui fait partie de l'exercice normal et ordinaire de la démocratie, est insuffisant. Si l'on considère que le dialogue politique est la solution, si l'on en fait quelque chose d'exceptionnel, c'est la preuve que le fonctionnement institutionnel n'est rien d'autre qu'une apparence de démocratie, voire d'une inertie politique. En effet, la nécessité d'une réconciliation nationale dépasse le cadre d'un fonctionnement démocratique normal, car la situation est anormale. Il nous faut donc une solution à la mesure de la situation qui nous impose de poser un acte extraordinaire. Cette solution, qui, pour moi, est la plus adéquate pour asseoir les fondements de la réconciliation tout en renforçant l'idée d'une nation, c'est l'organisation des états généraux de la nation burkinabè.

Nous ne sommes plus ici dans le cadre d'une discussion entre partis politiques, mais d'un débat ouvert entre tous les acteurs de la société burkinabè. De mémoire de burkinabè, de telles assises ne se sont jamais tenues au pays des hommes intègres, même si la journée nationale du pardon tenue le 30 mars 2001 au stade du 4 août à la suite des préconisations du rapport du Collège des Sages chargés de réfléchir à une sortie de crise et résorber les tensions sociopolitiques issues de l'assassinat du journaliste Norbert Zongo et de ses trois compagnons d'infortune le 13 décembre 1998, était une véritable innovation politique, même limitée, dans notre pays. Certes, une représentation plus inclusive de la société à cette journée nationale, lui aurait donné plus d'envergure et de légitimité.

De la même façon, la Commission de la réconciliation nationale et des réformes dont le Haut conseil pour la réconciliation et l'unité nationale (HCRUN) est l'émanation, n'a pas fait suffisamment la preuve de son efficacité à réconcilier le peuple burkinabè.[8] Certes, des actions positives ont été menées sur certaines questions et nous ne doutons pas de la bonne foi de son président, un diplomate chevronné bien connu. Doté de peu de moyens par le gouvernement et son champ d'actions très étendu, limitent finalement la pertinence du HCRUN. Par ailleurs, comme le dialogue politique, une

---

[8] *Le Haut Conseil pour la Réconciliation et l'Unité nationale (HCRUN) a été créé par le décret n° 2015-1397/PRES-TRANS promulguant la loi n°074-2015/CNT du 06 novembre 2015 portant création, attribution, composition, organisation et fonctionnement de l'institution. Le HCRUN a pour mission de mettre en œuvre les recommandations formulées par la sous-commission Vérité, Justice et Réconciliation nationale de la commission de Réconciliation nationale et des Reformes, mise en place par la Transition, au lendemain de l'insurrection populaire des 30 et 31 octobre 2014. Le Haut conseil vise à contribuer à la création de conditions favorables à la réconciliation et à l'unité nationale, à la cohésion sociale, gage de paix et de stabilité pour un développement durable. Il mène des activités de sensibilisation et d'information des populations sur ses missions et son fonctionnement.*

commission ou un haut conseil ne saurait être un organe adéquat pour une politique crédible de réconciliation d'une nation de l'envergure du Burkina Faso. Car la commission est limitée du point de vue de la représentativité de la nation elle-même. De plus, ces institutions créées dans la précipitation au lendemain de l'insurrection des 30 et 31 octobre 2014 par les acteurs de ces évènements, n'ont pas fait la preuve de leur volonté de rechercher la justice sociale. On peut donc émettre quelques doutes sur leur objectivité, leur impartialité et le caractère inclusif de leur composition. En tout état de cause, on attend encore de constater concrètement les effets du travail de ces commissions.

Si ces différentes instances que je viens d'évoquer laissent encore les burkinabè sur leur faim, c'est peut-être parce qu'il y avait des tabous auxquels il ne fallait pas toucher, freinant ainsi toute volonté politique, ou exprimant un manque de volonté politique lié au fait que certains se satisfont de la situation actuelle dans la perspective des échéances électorales de 2020. C'est un secret de polichinelle que les tensions sociopolitiques sont souvent instrumentalisées et utilisées comme moyens à des fins politiques.

Les Assises des états généraux de la nation burkinabè que j'inscris dans mon projet de société comme un élément nodal de la réconciliation nationale, sera sans tabous ni totems, en dehors de tout esprit de vengeance. Elles doivent être réalisées en toute impartialité, car il s'agit de permettre au Burkina Faso de renaitre ; une renaissance qui lui permettra de se remettre sur les bons rails de la démocratie. En effet, il me semble important qu'une nation se retrouve en dehors et au-delà des clivages politiques, afin de consolider son unité nationale. Il s'agit d'instaurer un dialogue entre des individus appartenant à une même communauté nationale, afin de débattre sur son présent et son avenir, tout en tenant compte de son passé. C'est l'occasion pour elle d'être en phase avec elle-même, d'exorciser ses vieux démons par des débats francs et sans tabous. Toute chose, qui conduit à   renaitre à nouveau et refonder sa cohésion.

4) Retour des exilés et justice équitable

Pour cela, il faut accorder une attention très particulière à tous nos compatriotes en exil, car une réconciliation nationale, afin de répondre à sa nature première qui est de rassembler toutes les filles et tous les fils du Faso, ne peut être exclusive. Ainsi les exilés, sans doute plus que les autres, sont les premiers concernés par cette démarche importante de la République. En effet, et c'est un truisme que de l'exprimer, nul ne s'inflige un exil politique volontairement, car ce bannissement de sa patrie qui impose un séjour loin de ses proches et de ce à quoi l'on est attaché, est pénible et difficile à supporter. En outre, l'exil exprime le fait d'un conflit donnant la preuve que la personne et sa liberté sont mises à rude épreuve et menacées dans un rapport de force où l'exilé est en position de faiblesse.

C'est dire que les nombreux compatriotes qui sont dans cette posture désagréable ne peuvent s'engager à rentrer au pays que s'il y a un signe donné par ceux qui dirigent dans le sens de l'apaisement et de l'assurance, qu'ils ne courent aucun danger en rentrant au bercail. Certains pays, à l'instar de la Côte-d'Ivoire, l'ont fait à une époque, et cela a contribué sinon à conforter la politique de réconciliation en œuvre dans le pays, au moins à atténuer de façon considérable certaines tensions.

D'autres pays comme la République centrafricaine, semblent avoir fait cette option. Sous l'égide de l'Union africaine (UA), le président Faustin Archange Touadera a reçu en janvier 2020 ses prédécesseurs dont certains étaient en exil, pour fumer le calumet de la paix dans le sens d'une démarche de réconciliation nationale. De même, le président Amani Toumani Touré est rentré au Mali, après plusieurs années d'exil au Sénégal. Il a offert ses bons offices pour la réconciliation dans son pays dans le but de mettre fin au terrorisme. Il me faut néanmoins apporter, à cet égard, deux précisions supplémentaires.

La première pour signifier que créer les conditions favorables à un retour sans heurts des exilés et le fait de leur retour effectif ne suffit pas en soi pour faire de la réconciliation une opération réussie. En Côte d'Ivoire par exemple, la réconciliation n'a pas encore abouti et tous les exilés ne sont pas encore rentrés en dépit des gestes de bonne volonté et des signes d'apaisement de la part des gouvernants. J'affirme seulement que c'est une condition essentielle pour réussir la réconciliation, c'est faire un pas important dans le sens d'une réconciliation réussie.

Le fait pour le MPP de parler de réconciliation alors que la condition que je viens d'évoquer est loin d'être remplie, est une hypocrisie.

La seconde précision consiste au fait pour moi d'indiquer que si je suis favorable au retour des exilés, il ne s'agit pas de les absoudre de toute faute et de les soustraire à la justice.

S'il est avéré qu'ils ont avaient commis une infraction quelconque et qu'ils sont d'une manière ou une autre en porte-à-faux avec la loi, ils doivent assumer leur responsabilité et répondre devant la justice. Si en revanche il n'y a aucun motif de poursuite judiciaire, il faut que la justice ait l'honnêteté et le courage de le reconnaitre et en tirer toutes les conséquences. Il ne profite pas à la démocratie de créer des procès fantoches, bafouant par-là même notre système judiciaire.

La réconciliation réalisée, il faut renforcer la cohésion sociale et l'unité de la nation. La seule façon de le faire est d'assurer la justice sociale à travers une gouvernance dans l'équité. La justice, en effet, est pour tout homme la valeur de référence d'une vie sociale accomplie, c'est ce sur quoi doit reposer la société toute entière, car c'est la norme par excellence du politique. En tant que valeur, on ne peut la fonder sur des faits, c'est-à-dire des situations relevant d'intérêts particuliers.

En effet, écrit le philosophe grec Platon, « La première vérité difficile à connaître est, en effet, que l'art politique véritable ne doit pas se soucier du bien particulier, mais du bien général, car le bien commun assemble, le bien particulier déchire les cités, et que le bien commun et le bien particulier gagnent tous les deux à ce que le premier, plutôt que le second, soit solidement assuré »[9].

5) Mon projet de société

Le modèle de société que je veux pour les Burkinabè, c'est une société de liberté (une valeur qui prolonge et complète celle de la justice) que, quiconque qui se réclame de la démocratie, ne peut que défendre. C'est l'occasion qui est donnée à tout Burkinabè d'agir en toute autonomie et de n'obéir qu'à ses propres impératifs. C'est l'occasion que je veux leur donner d'exprimer le sens de la justice qui est en eux, leur disposition au devoir, la réalisation de leurs objectifs en toute conscience du bien et de l'intérêt général. C'est

[9] Platon, Les lois, Livre IX, 874e–875b.

une société où l'intégrité sera la vertu partagée par tous et qui constituera le principal frein à la corruption et à l'incivisme.

Nul n'est dupe, surtout pas le peuple. Il a une bonne mémoire, une bonne capacité d'observation et un sens critique très développé (ce que les politiques oublient souvent ou feignent de ne pas savoir), et le peuple burkinabè ne déroge pas à cette règle. Il sait que le pouvoir politique étant éphémère, le passé nous rattrape toujours, quoiqu'il arrive. Tel est l'enseignement que je tire par ailleurs de l'engagement politique qui est le mien. C'est pourquoi, je sais que le pouvoir politique est un bien sacré confié à ceux qui gouvernent, et que le moment venu il va falloir rendre des comptes. Il faut donc l'exercer dans un esprit de solidarité, de justice et de liberté pour tous, ce qui ne peut que contribuer à raffermir la cohésion sociale et l'unité nationale.

J'estime en outre que pour sauvegarder la cohésion sociale et l'unité nationale, il faut commencer par respecter la Constitution de notre pays, adopté le 2 juin 1991 et révisé en 2015.[10] S'il est vrai que la constitution révisée de 2015 s'est faite dans un climat d'exclusion, elle doit être respectée. C'est pourquoi je m'engage à faire adopter une nouvelle loi fondamentale dont la rédaction sera confiée à des experts juristes et d'hommes politiques expérimentés et avisés pour qu'elle s'adapte aux réalités présentes et futures de notre pays. Je veux une constitution qui dure dans le temps.

Cette constitution qui sera adoptée par référendum, passera par une démarche inclusive impliquant au préalable toutes les forces vives de la société. Je constate avec dépit que le président Rock Marc Christian Kaboré n'est pas allé jusqu'au bout de sa révision constitutionnelle, pourtant entamée à grand renfort de moyens financiers.

Finalement, on ne saurait parler de cohésion sociale et d'unité nationale sans prendre

---

[10] Loi constitutionnelle n°072-2015/CNT portant révision de la constitution

racines dans nos traditions à l'instar de la parenté à plaisanterie ou de cette complicité bienveillante qui existe entre groupes ethniques. Cette valeur essentielle de la société burkinabè est un moyen important de lutte contre le communautarisme en permettant le dialogue nécessaire à toute vie sociale pacifiée. Je prendre l'engagement d'encourager et de soutenir les fora exaltant cette culture.

S'il fallait reprendre et poursuivre la paraphrase du passage du livre de Baruch, j'écrirais : « Burkina Faso quitte ta robe de misère, revêts pour toujours la beauté de la démocratie, prends la tunique de la justice et de la démocratie, mets sur ta tête le diadème[11] de l'éclat de cette dernière, car elle montrera ta splendeur partout en Afrique et dans le monde, et ton nom sera de par la démocratie pour toujours "paix de la

---

[11] Riche bandeau qui, chez les grecs de l'antiquité, était l'insigne du pouvoir monarchique.

justice, réconciliation, cohésion sociale et unité nationale »[12].

Telle est l'œuvre de démocratie que je veux impulser au Burkina Faso, une œuvre d'humilité intellectuelle, pacifique, ouverte à la discussion rationnelle et à la confrontation des idées qui ne vise pas la destruction des hommes, auteurs des idées, mais les idées seules, faisant alors de la critique le fondement de toute action politique. Je me réclame de la social-démocratie, d'un humanisme doublé d'un réalisme me permettant de défendre une pensée sociale et politique qui met l'homme au centre de la gouvernance. C'est ce qui peut déterminer notre aptitude au vivre ensemble tout en respectant notre engagement contractuel de société. C'est en cela que nous sommes des individus en situation d'égalité, car nous sommes des hommes, avant tout des sujets moraux. Ce qui nous donne de devenir des êtres de justice capables de justice, des êtres sociaux

---

[12] Cf. Le livre de Baruch, op. cit. le texte original objet de ma paraphrase se trouve aux Versets 1 à 4.

aussi capables de vivre en société, des êtres politiques en somme. L'expérience d'une véritable démocratie est donc pour moi le seul chemin vers la réconciliation et la cohésion sociale.

Les attentes des Burkinabè au-delà de la démocratie et de la réconciliation nationale, sont immenses. Il s'agit de la question même de leur survie et de leur bien-être. Dans les pages qui suivent, j'aborderai des ébauches de solutions pour transformer notre société.

J'ai volontairement choisi de limiter mon analyse à quelques domaines essentiels de notre pays. Il n'est pas possible, dans ce livre d'aborder tous les aspects du développement de la société et de l'épanouissement de chaque Burkinabè.

CHAPITRE III

L'éducation et la santé avant tout

L'éducation et la santé, avec l'emploi, la sécurité alimentaire et le logement, qui sont les piliers du développement et du bien-être d'un pays comme le Burkina Faso, ils constituent les domaines sur lesquels il faut agir et auxquels il faut accorder la priorité. En tout cas, le niveau de développement et de service rendu de ces secteurs importants sont des indicateurs fiables et pertinents de l'état de bien-être des populations. Je considère en effet qu'un peuple bien éduqué, bien soigné, bien nourri, bien logé et à qui l'on assure des emplois viables est un peuple pour qui l'on a tenu la promesse du bien-être, un peuple qui peut estimer que le contrat social à son égard est bien rempli.

I.   De l'éducation

1) Un pôle d'investissement privilégié

Traitant ici de l'éducation, la question se pose de savoir si un État digne de ce nom peut exister sans une politique de l'éducation à la hauteur de ses ambitions ? Pour moi, la réponse est sans commune mesure, car je considère l'éducation comme l'avenir par excellence de l'humanité en général, c'est le sujet que toute nation, la nôtre encore plus, doit mettre au centre de ses priorités, et qui doit constituer un pôle d'investissement privilégié.

En effet, l'éducation reste une solution face aux défis auxquels sont confrontés le monde et, surtout, nos États d'Afrique, à l'instar du défi de la réduction des inégalités sociales et de la pauvreté, le défi du développement durable, le défi de la formation pour tous, etc. La réalité est que nous vivons dans un monde en pleine transformation, en mutation permanente, un monde de technologie qui m'amène à penser que, invariablement, nous changeons de civilisation. La question importante qui se pose alors à nous est celle de savoir comment faire de l'éducation, la matrice de notre être et de notre devenir ?

L'éducation a en effet un rôle important à jouer dans une société, car c'est par son truchement que l'on peut inculquer aux enfants le sens des réalités et les valeurs sociétales. L'éducation est le moteur d'un enseignement permettant de donner aux enfants les compétences nécessaires à leur épanouissement personnel, à la réalisation de leurs aspirations pour un futur prospère, de bonheur, et de paix. Cela passe par la maitrise des savoirs fondamentaux, c'est-à-dire le simple fait de savoir lire et compter pour aboutir ensuite au savoir-faire, voire au savoir avoir du respect pour la nature et vivre en bonne intelligence avec elle. En somme, l'éducation permet de fournir aux enfants les outils leur permettant d'assurer leur bien-être au quotidien, de donner du sens et de l'agrément à leur existence. Dès lors, la qualité des ressources humaines, cruciale pour créer les conditions idoines d'une économie compétitive et émergente, se trouve améliorée. Dans cette perspective, un pays comme le Burkina Faso doit mettre l'accent et accorder la priorité à la scolarisation des garçons et des filles dans des conditions égales de traitement, à la formation des enseignants à tous les niveaux de compétence, au développement des infrastructures et à la formation professionnelle.

2) De la responsabilité familiale dans l'éducation

La cellule familiale est de mon avis la base même de l'éducation. En effet, l'éducation commence à la maison, dans les familles. C'est dans la cellule familiale que l'on inculque aux enfants les bases de l'éducation, c'est-à-dire l'ensemble des valeurs nécessaires à une cohésion sociale, à savoir le respect de la dignité humaine qui passe aussi par le respect de l'autre, le travail, l'humilité, la générosité, la solidarité, etc. C'est pourquoi, on ne saurait abandonner à l'école seule, la responsabilité de l'éducation des enfants.

La famille est en effet un maillon important, parce que le premier, dans la chaine d'éducation. Un enfant dont la famille a abandonné l'éducation est voué à la perdition et à l'échec, à moins qu'une âme bienveillante ou une structure sociale, et encore, ne prenne le relais pour permettre à cet homme ou cette femme en devenir de réaliser son plein épanouissement. La question se pose en raison de la disparition progressive de la structure familiale africaine en particulier dans les villes où l'individualisme a pris le dessus sur la solidarité. Le phénomène des enfants de la rue au-delà de certaines traditions religieuses, est un véritable drame de notre société. Je pense en particulier aux enfants abandonnés par leurs parents pour diverses raisons et en particulier à cause de la pauvreté et de la misère.

Il ne suffit pas de reconnaitre le rôle prépondérant de la famille dans l'éducation de l'enfant encore faut-il accompagner les familles dans ce rôle important. En effet, l'enfant qui est d'abord celui d'une famille, est aussi celui d'une nation, un citoyen en devenir. C'est la raison pour laquelle il faut une politique de la famille volontariste qui permet d'assurer la protection des enfants, de les éduquer dans un cadre qui leur assure le minimum de bien-être en termes d'accès au soin de santé, de logement, de nourriture, d'acquisition du savoir afin qu'ils puissent s'insérer harmonieusement dans la société.

Il faut pour cela une politique qui donnera la possibilité aux parents et tuteurs d'enfants d'avoir un emploi décent ou une activité génératrice d'un revenu suffisant à l'entretien de la famille et de sa sécurité. Là aussi, il s'agit d'une volonté politique, seule solution pour un pays comme le nôtre.

Pour suppléer aux familles défaillantes, disloquées ou frappées laissant des enfants orphelins, je soumettrai au Parlement, une loi qui permet :

- de dessaisir de la puissance paternelle, au moins jusqu'à la majorité des enfants, les parents qui les délaissent, ou qui sont reconnus incapables de pourvoir à leur éducation intellectuelle et morale ;

- de conférer l'exercice de la puissance paternelle aux œuvres de bienfaisance qui recueilleront ces enfants physiquement ou moralement abandonnés ; accroître leurs moyens pour leur permettre de jouer pleinement leur rôle.

3) Sortir l'école de la crise

Quel est l'état de l'école burkinabè aujourd'hui ? Il faut noter que le taux brut de scolarisation au primaire dans notre pays était en 2015 de 88%.[13] Le taux déscolarisation a aussi bien progressé chez les garçons que chez les filles, ce qui est la conséquence d'une politique de l'éducation déjà mis en place par le pouvoir du président Compaoré, et qui a été poursuivie par la gouvernance actuelle.

Un effort a été fait pour réduire de façon sensible les écoles sous paillottes, même si une

---

[13] Source : Internet. (KNOEMA). Knoema est la source la plus complète de données décisionnelles mondiales au monde.

bonne marge de progression existe encore. Néanmoins, nous nous trouvons confrontés au phénomène des classes pléthoriques. Cette situation révèle un nombre élevé inacceptable d'élèves par enseignant et par salle de classe, avec un déficit d'heures annuels d'enseignement. Ce qui a pour corolaire une baisse du niveau des élèves qui s'explique aussi, paradoxalement, par l'augmentation du taux de scolarisation entrainant une baisse de la qualité de l'enseignement, les conditions n'étant pas réunies pour permettre aux enfants d'apprendre dans un environnement efficient.

4) Des solutions pour une école nouvelle

Notre pays a connu de nombreuses réformes de son système éducatif depuis son indépendance. Chaque réforme a apporté des innovations et a permis d'améliorer le système éducatif. Mais aucune réforme de l'éducation ne peut rester figée en raison de l'évolution rapide du monde et de la société. Tout système éducatif doit s'adapter à son temps, voir anticiper sur les générations futures. Je partage parfaitement dans ce sens la réflexion de l'enseignant-chercheur Mathias Kyélem, pour qui « Un modèle éducatif ne peut être un greffon génétiquement incompatible avec la société dans laquelle il se met en œuvre ; et la réforme de l'éducation devrait être une résultante des aspirations de cette société ; sinon, comme ledit greffon, il s'en détachera et se sclérosera »[14]

La réforme de l'éducation au Burkina doit reposer sur une vision de valorisation du capital humain, la véritable richesse de notre pays. Atteindre les objectifs d'une éducation tournée vers le développement et l'épanouissement de l'Homme, exige de repenser le système éducatif tout entier. Mais qu'est-ce que j'entends par système éducatif ? Je vais emprunter au professeur émérite de sociologie de l'Université Joseph Ki-Zerbo de Ouagadougou, feu Fernand

---

[14] **Mathias Kyélem, La réforme du système éducatif et la démocratisation de l'éducation au Burkina Faso,** consulté sur Internet. https://doi.org/10.4000/ethiquepublique.1324

Sanou cette définition conceptuelle : « un système éducatif est un ensemble d'éléments interdépendants dont l'interaction permet ou empêche son bon fonctionnement et celui d'autres systèmes qui lui sont liés).[15]

Tout bon système éducatif doit reposer sur l'excellence et l'efficience par l'amélioration des performances à tous les niveaux. Comme le dit le spécialiste de l'éducation Kyelem « Le système ne saurait être efficace et de qualité que s'il est pertinent, notamment à travers ses réponses aux aspirations de la société, sa capacité à intégrer l'individu et la société dans une communauté internationale marquée par « la mondialisation, avec l'effacement des frontières nationales et le

---

[15] F. Sanou, « Pour une vision prospective de l'éducation en Afrique. Le système éducatif burkinabè à l'horizon 2025. Étude nationale prospective "Burkina 2025 "», *Connaissances pour le développement*, 2006, p 81-108, disponible dans internet : < http ://www.rgcb.org/IMG/pdf/chap4-2.pdf >, cité par Mathias Kyelem, op.cit

développement des technologies de l'information et de la communication ».[16]

Notre système éducatif est véritablement en déphasage avec les réalités économiques et sociales du pays en ce 21ème siècle. De telle sorte qu'il n'offre plus de débouchés sur toutes les chaines d'apprentissage aux jeunes qui en sortent. Tout simplement, parce que le système ne prend pas suffisamment en compte l'apprentissage et les connaissances pratiques. De même, le contenu de l'éducation ne prend pas suffisamment en compte les valeurs de la République, de la citoyenneté et du patriotisme.

J'ai conscience que le secteur de l'éducation reste très complexe. Aucun model éducatif dans le monde n'est parfait. L'orientation que j'aimerais impulser au système éducatif de notre pays repose notamment sur les axes suivants :

1) L'obligation scolaire dans tout le pays avec des évaluations périodiques pour attester de sa réalité ;

---

[16] M. Kyelem op.cit

2) La gratuité totale de l'éducation du primaire au secondaire, dans tout le secteur public pour réduire les disparités liées au pouvoir d'achats;

3) La mise à la disposition de fonds substantiels en faveur des universités et centres d'enseignement supérieur publics pour que les frais de scolarité soient accessibles à la majorité des étudiants ;

4) La forte réduction des disparités liées au sexe particulièrement dans l'enseignement technique, secondaire et universitaire ;

5) La réduction des disparités liées aux régions par des investissements massifs et des mesures d'accompagnement dans les zones à très faible scolarisation ;

6) La régulation des frais de scolarité dans les établissements privés du primaire au supérieur ;

7) la cohérence du système à travers des contenus adaptés et harmonisés ;

8) Le développement de l'enseignement technique et de la formation professionnelle,

9) L'introduction de l'outil informatique dans tous les établissements secondaires ;

10) La professionnalisation des filières d'apprentissage et de formation à tous les niveaux et particulièrement au niveau du secondaire et de l'enseignement supérieur ;

11) La réforme du système LMD (licence-master-doctorat) tourné d'abord vers les priorités de notre développement tout en valorisant l'excellence des programmes.

12) La généralisation de l'enseignement de langues nationales dans tous les cursus scolaires et universitaires.

13) Le recrutement des futurs enseignants du primaire au niveau de la licence et leur assurer une formation d'excellence

14) La remise à plat de tous les curricula des différents cycles en vue de leur actualisation

par rapport à l'évolution du monde et aux attentes de notre société.[17]

Nous pouvons réaliser un système éducatif véritablement démocratique, performant et en phase avec le développement de notre pays. Les conditions sont réunies aujourd'hui pour atteindre cet objectif : notre capacité financière et les expertises nationales. Nous avons passé notre temps à compter exclusivement sur l'aide internationale pour développer notre système éducatif. Tel ne sera plus le cas. L'appui des partenaires financiers viendra seulement comme un appoint à la mobilisation de nos propres ressources.

L'école ne devrait plus être ni source d'angoisses pour les parents ni sans débouchés pour les sortants du système. L'éducation est un

---

[17] Curricula (singulier de curriculum) désigne la conception, l'organisation et la programmation des activités d'enseignement/apprentissage selon un parcours éducatif. Il regroupe l'énoncé des finalités, les contenus, les activités et les démarches d'apprentissage, ainsi que les modalités et moyens d'évaluation des acquis des élèves.

domaine qui ne peut être traité en quelques pages dans un livre. La réforme en profondeur du système éducatif sera une de mes priorités, car l'école demeure le socle du développement durable.

II.   De la santé

L'épidémie du nouveau coronavirus ou la COVID-19 a secoué le monde entier durant le premier semestre de l'année 2020 et mis à rude épreuve les secteurs de la santé, de l'économie et de la sécurité en Afrique. Je voudrais avoir une pensée profonde pour les victimes de la pandémie dans le monde et particulièrement celles de mon pays. Je salue le courage du personnel de santé burkinabè qui, en dépit de l'absence de moyens, s'est battu pour prendre en charge les malades.

Cette pandémie, en ce qui concerne particulièrement le Burkina Faso, a mis en exergue la défaillance de la politique nationale de santé. Elle a dévoilé l'absence de vision prospective du MPP dans les secteurs clés de notre pays.

A la lecture du cadre stratégique du ministère de la santé, je ne perçois ni dispositif opérationnel, ni cadre de suivi, ni d'évaluation. La conséquence logique de ces lacunes est la faiblesse quasi structurelle du système de santé burkinabè. La Covid-19 a mis en lumière les défis que nous devons relever en termes   d'infrastructures, d'équipements, de prise en charge des pathologies, de ressources humaines en santé et en recherche médicale, etc.

Certes, des efforts ont été faits depuis plusieurs décennies, mais la situation sanitaire de notre pays reste très préoccupante. Par exemple, le   taux de mortalité générale et spécifique est toujours élevé malgré la décroissance observée. Les enquêtes font apparaître un taux brut de mortalité au sein de la population de l'ordre de 8,2/1000.[18] C'est pourquoi le secteur de la santé

---

[18] Source : Internet (Perspective Monde)

doit faire l'objet d'une évaluation approfondie par des compétences indépendantes.

Il nous faut inverser rapidement les tendances négatives qui affectent durement le secteur de la santé et qui freinent le développement national et le bien-être des Burkinabè.

De mon point de vue, les questions prioritaires pour faire face à l'état déplorable de notre système de santé sont de plusieurs ordres. Il s'agit notamment de :

- la promotion de la santé et l'hygiène des populations ;
- la gouvernance du secteur de la santé ;
- les prestations dans le secteur ;
- la disponibilité des ressources humaines en quantité et en qualité ;
- La production locale de médicaments ; consommables médicaux et vaccins ;
- Le soutien à la pharmacopée et à la médecine traditionnelle ;

- Les infrastructures, équipements médicaux, logistique et maintenance ;
- Le système d'information sanitaire ;
- La recherche pour la santé ;
- Le financement de la santé.

Partant de ces constats, il nous faut une stratégie décennale élaborée à partir d'une nouvelle politique sanitaire qui s'orientera vers les axes suivants :

1) La promotion de la santé et de l'hygiène des populations

La santé est une dimension essentielle de la qualité de la vie. Elle conditionne notre existence et notre capacité à développer le pays. L'OMS définit la santé comme « un état de complet de bien-être physique, mental et social, et ne consiste pas seulement en une absence de maladie ou d'infirmité »[19] C'est pour cela que notre politique de santé publique doit inculquer à nos populations et en particulier aux jeunes des

---

[19] Sources : Pr. M. Mrabet : Définitions, approches et concepts en santé publique, consulté sur Internet

habitudes et des comportements qui auront une influence positive sur leur santé. Il s'agit de la responsabilisation de l'individu et de la communauté pour le bien-être de la personne et de la collectivité.

Dans ce sens, la question de l'hygiène sera au cœur de ma politique de santé. L'hygiène contribue à lutter contre l'expansion des maladies, particulièrement infectieuses,   et à préserver la santé dans sa globalité. Il est donc essentiel de l'intégrer dans nos comportements de tous les jours. Ce changement de comportement induira un mode de vie qui devrait prévenir nombreuses maladies. Nous pouvons tous observer par exemple la prévalence de l'alcool, du tabac et des stupéfiants au sein de la jeunesse. Par l'éducation sanitaire, nous pourrions contribuer à construire des repères structurants pour aider les enfants et les jeunes à développer, en matière d'hygiène et de santé, des attitudes saines et préventives.

2) La gouvernance

Le secteur de la santé est complexe et fait intervenir des acteurs divers et multiformes dont les intérêts peuvent être divergents. C'est pourquoi, l'Etat doit assurer le leadership du secteur afin de garantir un fonctionnement cohérent conformément aux recommandations de l'OMS et aux intérêts de la population.

Le constat établi, la faiblesse de l'organisation et de la gestion des services limitent la performance des systèmes de santé burkinabé.

3) Les ressources humaines

Il s'agit principalement de problèmes liés à la satisfaction des besoins en ressources humaines en quantité et en qualité ainsi qu'à leur gestion. Les statistiques dans ce domaine montrent à quel point, il existe une répartition spatiale inégale à tout point de vue, des professionnels de santé au plan national.[20] Aussi, sera-t-il conçu un programme de développement des ressources humaines en parfaite adéquation avec celui des infrastructures dans le but de résorber les graves disparités régionales afin d'assurer aux populations des soins de qualité avec des professionnels compétents et dévoués.

---

[20] Source : *Observatoire nationale de la Santé de la population :* « *Le ratio médecin est évalué à 1 pour 15 350 habitants (la norme de l'OMS étant 1 médecin pour 10.000 habitants), celui des infirmiers à 1 pour 2653 habitants (norme de l'OMS étant d'un infirmier par 3 000 habitants) et celui des sages-femmes à 1 pour 7518 habitants (norme de l'OMS étant d'une sage-femme par 5 000 habitants). A la même date, 7% des CSPS du pays remplissent les normes minimales en personnel. A cela s'ajoute une inégale répartition de ces ressources humaines, accentuée par la difficulté de fidéliser les agents dans les zones difficilement accessibles. 40% des médecins généralistes sont en activité dans la seule Région Centre où se trouve seulement 14% de la population totale. 50% des personnels infirmiers, et sages-femmes évoluent en zone rurale ou réside 80% de la population et seulement 12% des médecins spécialistes exercent dans les 9 Centres Hospitaliers Régionaux (CHR). De plus, il faut préciser que les médecins se consacrent également à de nombreuses tâches administratives, réduisant ainsi leur disponibilité pour prodiguer des soins. Tel est notamment le cas des médecins directeurs centraux, régionaux, des médecins chefs de districts.* ». *Données juin 2016. Consulté sur Internet.*

4) Les médicaments

Ils constituent à n'en pas douter un défi majeur. Il s'agit essentiellement de problèmes liés à la couverture des besoins en produits de santé, à la coordination des filières d'approvisionnement et de distribution des produits pharmaceutiques ainsi qu'à la qualité et sécurité sanitaire des aliments. Il ne sert à rien d'œuvrer à l'accessibilité des soins de santé si les médicaments ne sont pas disponibles et si leur coût est prohibitif pour la majorité des Burkinabé comme on peut le constater. Rendre les médicaments disponibles, c'est lutter aussi contre la propagation endémique des faux médicaments qui font tant de victimes. Tout en réformant notre système d'approvisionnement en médicament, je mettrai en place une brigade spéciale chargée de lutter contre les médicaments de la rue.

Nous poursuivrons la politique de promotion des médicaments génériques, en accordant une place très importante à la production locale des médicaments. Mon gouvernement va recourir à certains pays comme la Chine et l'Inde, dont la compétence dans la production des médicaments est connue, pour nous appuyer dans le développement de l'industrie pharmaceutique locale. De même, il sera accordé un soutien important à la valorisation de la pharmacopée traditionnelle. Pour ce faire, les efforts devront tendre à assurer une meilleure promotion de la médecine et la pharmacopée traditionnelles et à renforcer la collaboration entre médecine traditionnelle et médecine moderne.

5) Les infrastructures et équipements médicaux

Les problèmes liés à la couverture en infrastructures, aux équipements médicaux, à la logistique ainsi que leur maintenance, demeurent cruciaux. Il est un impératif de réhabiliter les hôpitaux nationaux de Ouagadougou et de Bobo-Dioulasso tout en les équipant et les dotant d'un système de management performant. Ils doivent offrir un cadre de vie décent aux patients. Il faut s'assurer non seulement de la mise à niveau des différentes structures de santé mais aussi en créer d'autres, notamment des hôpitaux de référence dans tous les chefs-lieux de régions du pays. Au-delà, une grande priorité sera donnée à la réalisation des Centres de santé et de promotion sociale (CSPS) en vue de réduire les disparités régionales et ramener le rayon théorique d'action entre trois (3) et quatre (4) kilomètres. De même, tous les CSPS des chefs-lieux de communes seront érigés en Centres médicaux avec antenne chirurgicale.

6) La lutte contre les maladies évitables et la surveillance accrue des maladies émergentes

Il est triste de constater que certaines maladies dominantes dans notre pays seraient disparues si la volonté politique avait existé. Je pense notamment au paludisme, première cause de morbidité et de mortalité chez les enfants et les femmes enceintes et la poliomyélite, maladie handicapante à vie chez les jeunes enfants. Ces maladies feront l'objet d'un programme de lutte intensif. Pour les maladies sous surveillance et à potentiel épidémique telles que la méningite, la rougeole, la diarrhée sanguinolente, le choléra, l'ictère fébrile, la paralysie flasque et le tétanos néonatal, il conviendrait de renforcer la surveillance épidémiologique à tous les niveaux. Dans ce domaine, le problème prioritaire sera la gestion des données du système d'information sanitaire et l'éducation sanitaire des populations.

De même, l'amélioration de l'efficacité des réponses aux IST, au VIH et au SIDA mérite une attention accrue tout comme il importe de redoubler la surveillance des maladies émergentes. La maladie à virus Ebola survenue dans la sous-région ouest-africaine n'est pas encore sur le point d'être éradiquée. Les actions de veille doivent se poursuivre avec le renforcement de la surveillance épidémiologique au niveau des différentes frontières et l'intensification des campagnes d'information et de sensibilisation sur la maladie. La lutte contre les maladies tropicales négligées telles que la filariose lymphatique, la schistosomiase, la lèpre et le ver de Guinée, devrait être intensifiée.

7) La lutte contre les maladies infectieuses

L'épidémie du nouveau coronavirus ou la COVID-19 a profondément marqué le monde en 2020. Ses manifestations et son impact diffèrent d'un pays à l'autre. En ce qui concerne le Burkina Faso, la COVID-19 a mis à nu les carences de notre système hospitalier pour faire face à une telle pandémie. Au-delà des questions d'infrastructures, de médicaments et de prises en charge des patients, nous avons mesuré à quel point notre pays accusait un retard considérable en matière de lutte contre les maladies infectieuses dont la contamination peut s'avérer très importante comme dans le cas du coronavirus. De même, l'insuffisance notoire d'épidémiologistes n'a pas permis une organisation conséquente de la riposte contre la COVID-19. C'est pourquoi j'entrevois d'une part l'intensification de la formation des spécialistes du domaine et, d'autre part, la création d'un grand centre de recherche en maladies infectieuses et en épidémiologie.

8) La santé sexuelle des jeunes

Comme je l'ai souligné dans les pages précédentes, la jeunesse demeure au centre de mon engagement. Or, la santé des jeunes est une donne majeure pour l'avenir de notre pays. Dans ce sens, j'accorderai une importance particulière à la santé sexuelle et de reproduction des jeunes qui constitue pour les parents une source de préoccupation. Des programmes d'éducation spécifiques seront conçus pour garantir l'épanouissement des jeunes en développant le sens de la responsabilité. Une tolérance zéro sera instaurée pour faire face aux abus sexuels dont sont victimes les femmes et, principalement, les jeunes filles.

9) L'assurance maladie universelle

Je tiens à saluer la vision du Président Blaise Compaoré qui a permis l'instauration aujourd'hui du système d'assurance maladie. Je m'engage à parachever la mise en place du système d'assurance maladie fondée sur une organisation collective et universelle de la prise en charge par la création de mutuelles de santé et de système de partage des coûts. En prenant en compte les expériences des autres pays, nous améliorerons ce système pour faciliter son accès à la grande majorité des Burkinabè. Les mutuelles font partie des impératifs du temps en tant qu'évolution qualitative de tout système de santé.

Les Burkinabè attendent un système de santé qui offre des services et des soins de qualité, financièrement et géographiquement accessibles à toutes les franges de la population.

CHAPITRE IV

Jeunesse, monde rural et développement durable

I.   La jeunesse force motrice de notre avenir

1) Le chômage entre réalité et mythe chez les jeunes

Comme partout en Afrique, les jeunes constituent la frange la plus importante de la population burkinabè. Le chômage frappe durement la jeunesse. Selon l'enquête multisectorielle continue de 2014, le taux de chômage est estimé à 6,6% de la population active âgée de 15 ans et plus. Ce taux est de 8,6 % chez les jeunes de 15 à 24 ans. Il est encore plus élevé chez les jeunes filles (30%). Quant au taux net d'activité, il se situe à 67,9% au plan national. Ce taux est plus élevé en milieu rural (69%) qu'en milieu urbain (64,8%). Force est de constater que ces actifs ont un emploi précaire de façon générale.[21]

---

[21] INSD : Enquête multisectorielle continue de 2014

Quant aux taux net d'activité, il se situe à 67,9% au plan national. Ce taux est plus élevé en milieu rural (69%) qu'en milieu urbain (64,8%). Le chômage demeure surtout un phénomène urbain. Dans les grandes villes comme Ouagadougou et Bobo-Dioulasso, il atteindrait (18,32% et 10,10% pour les villes secondaires). Environ 54% des chômeurs sont des femmes, 82% sont des jeunes et 43% des chômeurs ont moins de 25 ans. Le chômage urbain des jeunes s'accentue avec leur niveau d'instruction. [22]

Quant à la problématique de l'emploi, au Burkina Faso, la population inactive est plus instruite que la population active. Les résultats de l'enquête montrent que seulement 54% des inactifs sont sans niveau d'instruction contre 75% des actifs. Par ailleurs, la proportion des inactifs sans niveau d'instruction scolaire est plus élevée chez les femmes (59,8%) que chez les hommes (48,2%). Le taux de chômage reste encore très visible chez les actifs ayant le niveau d'éducation

---

[22] INSD : Enquête multi sectorielle 2016

secondaire du second cycle technique (23%). En définitive, le niveau élevé du taux de chômage pose la problématique de l'adéquation entre le système éducatif et l'offre d'emploi au Burkina Faso.[23] Ces quelques données statistiques illustrent suffisamment le drame du chômage de la jeunesse burkinabè.

Sans travail qu'elle raison donnons-nous à la vie ? Le travail est non seulement le seul moyen de gagner dignement sa vie mais en plus, il est le principal facteur d'intégration de l'homme dans la société. Pour Jean Jaurès : « Le premier des droits de l'homme c'est la liberté individuelle, la liberté de la propriété, la liberté de la pensée, la liberté de travail ». [24]

Depuis le retour à la démocratie dans notre pays voilà près de 30 ans, des progrès réels ont été faits en matière de droits humains, de liberté individuelle, de propriété et de liberté de pensée. Il est alors légitime de se demander pourquoi le

---

[23] INSD : Enquête multi sectorielle 2016
[24] Source : citation de Jean-Jaurès, consultée sur internet.

droit au travail n'a pas eu le meme progres significatif? La reponse à cette interrogation reside sans doute dans la maniere dont la strategic de lutte contre le chomage a ete elaboree,

L'absence de travail cree chez les jeunes suscite un sentiment profond de malaise et de vulnerabilite d'autant plus qu'ils ont le sentiment d' etre negliges et marginalises par les decideurs politiques. Cette impasse dans laquelle ils se trouvent, leur donne l'impression d' un horizon bouche, La consequence de cette situation s'illustre par la montee du banditisme, de l'incivisme et du terrorisme. Pris dans la nasse du chomage ou de l'esclavage du sous-emploi, de tres nombreux jeunes vont se refugier dans l'alcool et toutes sortes de stupefiants, La situation apparait plus dramatique dans les confins du Burkina Faso OU les jeunes s'adonnent à l'alcool frelate, Toute chose qui est devenue un veritable probleme de sante publique.

Le pays se trouve ainsi prive de l'apport de la force de travail de la grande majorite de sa population. La frange féminine quant à elle, de par le chômage et le sous-emploi auxquels elle est plus exposée que la gent masculine, se trouve exploitée. De nombreuses jeunes filles s'adonnent à la prostitution visible ou déguisée en milieu urbain et sur les sites miniers. Une situation qui complique l'éradication du VIH/SIDA.

En milieu rural, la faible scolarisation des filles et le sous-emploi dans lequel elles se trouvent, s'explique par le nombre élevé de mariages forcés ou précoces auxquels elles sont soumises dès le début de l'adolescence.

2) Les causes structurelles du chômage des jeunes

Le Burkina Faso a mené jusque là, des politiques volontaristes en faveur des jeunes et des femmes. Mais force est de constater que beaucoup d'efforts reste encore à fournir d'autant plus que les pouvoirs issus de l'après insurrection n'ont pas apporté une véritable réponse à l'épanouissement et l'autonomisation de la jeunesse.

Comme je l'ai souligné plus haut, la principale cause du chômage et du sous-emploi des jeunes vient de l'inadéquation entre le système éducatif et les exigences du système de production économique. Le système éducatif hérité de la colonisation repose toujours sur le savoir et non le savoir-faire et le savoir-être. Un cursus scolaire qui ne se donne pas pour ambition de former des jeunes pour le monde de l'emploi est une machine à fabriquer des chômeurs. Lorsqu'on analyse le taux de réussite scolaire, on se rend compte à quel point, le système est sélectif et offre peu de perspectives aussi bien à ceux qui quittent les bancs de l'école durant les différents cycles scolaires qu'à ceux qui en sortent nantis de diplômes.

Le taux de chômage est de 34,5% chez les jeunes de niveau supérieur, contre 17,2% chez les jeunes de niveau secondaire, 11,3% pour ceux de niveau primaire. Seulement 5,4% des jeunes non instruits sont au chômage. Ainsi, le chômage des jeunes est en partie lié à la faible absorption des jeunes formés dans le système éducatif national. L'inadéquation entre la formation reçue et les besoins du marché de l'emploi apparaît comme l'une des causes des obstacles au développement de notre pays. Notre système éducatif fabrique des jeunes dépendants, des demandeurs d'emplois et rarement des créateurs d'emplois. Dans le monde rural, les jeunes vivent dans la précarité à cause de la prédominance du sous-emploi dans lequel ils se trouvent. En raison de la faible productivité du monde rural, le niveau de revenus des jeunes reste très bas.

Les politiques économiques menées par les gouvernements et soutenues par les bailleurs de fonds notamment les institutions de Bretton Wood ont permis une certaine croissance économique mais qui a eu peu d'impact sur la création d'emplois notamment chez les diplômés sortis des universités et divers instituts et centres de formation. Ces politiques se sont donc trouvées en déphasage avec les préoccupations des jeunes en quête de travail. Les programmes d'ajustement structurels imposés aux pays africains ont contribué ainsi à freiner l'emploi des jeunes au nom de la rationalité de l'économie.

L'industrie a été à la base du développement de la plupart des pays occidentaux, non seulement parce qu'elle a accéléré la croissance économique par la production des biens et des services, mais aussi parce qu'elle a généré de très nombreux emplois tant en milieu urbain que rural. Ce qui a permis l'émergence d'une classe moyenne. Or le Burkina Faso n'a pas connu depuis l'indépendance un véritable essor de son industrie. L'usine textile de Koudougou qui avait suscité de grands espoirs dans le pays et particulièrement dans la région du centre-ouest n'a pas résisté au choc économique des années 70.

Bien que l'industrie extractive connaisse un boom depuis une dizaine d'années, elle n'a pas eu d'effets majeurs sur la création d'emplois directs.

La dizaine de société minière emploierait environ dix mille personnes. Par contre, l'orpaillage draine chaque année selon une étude de l'INSD menée en 2016, un peu plus de 140000 personnes. Le secteur n'étant pas organisé, il est difficile d'évaluer son impact sur la main-d'œuvre nationale.

Au total, les causes du chômage sont donc à la fois historiques, structurelles, conjoncturelles et culturelles. Il s'agit notamment de l'éducation, l'échec des politiques de développement du monde rural, la faiblesse des politiques adaptées aux préoccupations des jeunes, la faiblesse de l'industrialisation, les choix de développement inadéquats et les pesanteurs culturelles dans les campagnes.

Il est vraiment urgent d'agir et d'apporter des solutions novatrices et fortes pour endiguer le chômage des jeunes et le sous-emploi dans notre pays. La montée du chômage devient une bombe à retardement. Il n'existe pas de solutions miracles à la résorption de la question de l'emploi des jeunes. Seule une claire vision, des stratégies audacieuses et une volonté politique affichée, permettront de créer les conditions du plein emploi dans notre pays. Des exemples existent en Afrique et il n'y a aucune raison qu'au Burkina Faso nous ne réussissions pas à inverser la tendance en partant sur de nouvelles bases.

3) Repartir sur de bonnes bases.

S'il est vrai que le gouvernement conduit la politique de la nation, il ne peut agir sans tenir compte de toutes les forces en présence dans la société. L'Etat a été depuis l'indépendance, le principal pourvoyeur d'emplois notamment des diplômés du pays. Aujourd'hui, il ne peut pas continuer sur cette voie tout en maintenant des salaires d'un certain niveau pour les fonctionnaires.

Depuis 2015, le front social est dans une ébullition sans précédent du fait des revendications salariales des agents publics. Le Burkina peut-il continuer dans cette inflation salariale ? En 2019, avec une enveloppe de 835,900 milliards FCFA, les dépenses de personnel représentaient plus d'un tiers des dépenses totales, soit précisément 37,77% contre 25,86% en 2018. Elles représentaient 55,32% des recettes fiscales en 2019. Plus de 50% du budget national de l'exercice 2020 est consacrée aux salaires des fonctionnaires.[25] La masse salariale au Burkina Faso serait passée d'un peu plus de 400 milliards de FCFA en 2015 à une projection de 950 milliards de FCFA en 2021, selon une déclaration faite à la presse en juin 2020 par la ministre déléguée au Budget, Mme Édith Clémence Yaka.

Selon les données provisoires du ministère de la Fonction publique, du Travail et de la Protection sociale, en 2019, on dénombre 170.247 agents de la Fonction publique, localisés dans les ministères et institutions.[26]

Faut-il s'étonner de cette inflation budgétaire dans laquelle le gouvernement MPP se

---

[25] L'Economiste du Faso du 21 octobre 2019
[26] L'Economiste du Faso du 8 juillet 2019

trouve ? La responsabilité de cette situation incombe au gouvernement qui sans concertation nationale a versé dans la démagogie et le populisme en octroyant des avantages salariaux démesurés à certaines catégories des agents. Une telle attitude ne pouvait que susciter des réactions en chaîne dans toute l'administration publique. Les Burkinabé sont raisonnables et sont en mesure de consentir des sacrifices pour le développement du pays pour peu qu'ils soient impliqués dans les décisions majeures concernant la vie de la nation, que les efforts soient partagés et que le train de vie de l'Etat soit réduit.

La question de l'emploi, nécessite un grand débat national. Ce débat, impliquera toutes les couches de la population. La résolution de la question de l'emploi pour les jeunes va au-delà de la seule compétence du gouvernement.

Par ailleurs, il en est de même du problème crucial de rémunération des travailleurs du secteur public. Les multiples grèves qui ont souvent paralysé le fonctionnement de l'administration burkinabè et causé de nombreux désagréments aux usagers, montrent que le Burkina Faso doit impérativement trouver une solution au problème des salaires, en adéquation avec ses moyens. Les conclusions de ces concertations seront soumises à des assises nationales d'où sera tirée la nouvelle politique nationale de l'emploi et des salaires pour la décennie à venir.

Seul un dialogue social inclusif et efficace peut rassembler les burkinabè autour d'un consensus sur une politique nationale de l'emploi et des salaires dans une vision de justice sociale.

4) Rompre l'inadéquation du système éducatif et des formations professionnelles avec les besoins du marché de l'emploi

Tout le monde est conscient, que l'offre de formation est en décalage avec les demandes réelles du marché burkinabè. Ainsi, la rupture de l'inadéquation entre notre système éducatif et des formations professionnelles avec les besoins du marché de l'emploi s'avère prioritaire. Il passera par une véritable révolution du système éducatif national qui ne devrait plus se contenter d'un enseignement ou de formation sans rapport avec les priorités du développement du pays. La priorité devrait accordée aux sciences, à la technologie et à l'autopromotion professionnelle.

La refonte du système éducatif en vue de prendre en charge la question de l'emploi et des autres besoins de la société doit reposer sur la qualité des apprentissages et des enseignements comme je l'ai déjà souligné. Il nous faut inventer un système éducatif centré sur l'Homme et tourné vers l'avenir. Il s'agit d'un profond changement mental, culturel et social. Le développement c'est d'abord dans la tête. Toute idée de développement appelle à un changement profond de mentalité (notre savoir-être, savoir- vivre et savoir-faire, nos appréhensions ainsi que nos jugements de valeur etc.)

5) Promouvoir l'entreprenariat ou l'auto- emploi

Le système éducatif burkinabè hérité de la colonisation a formé des personnes incapables d'être des entrepreneurs. Diplômés et non diplômés ont eu pendant longtemps le regard tourné vers la fonction publique et les employeurs du secteur privé. Nous devons créer les conditions pour que les jeunes fondent leurs propres entreprises ou travaillent à leur compte.

Le secteur des services et de l'économie numérique se prête très bien à l'auto-emploi parce que nécessitant peu d'investissement de départ. Les services et les technologies de l'information et de la communication sont devenus dans le monde, les plus grands pourvoyeurs d'emplois et des facteurs déterminants de la croissance économique. Aussi, des politiques et des stratégies conséquentes permettraient-elles d'absorber en particuliers les jeunes diplômés dans ces secteurs à très fort potentiel de ressources humaines

6) Des programmes massifs de création d'emplois

De nombreux programmes spéciaux ont été inities depuis près d'une vingtaine d'années pour faire face au chômage des diplômes et des jeunes évoluant dans les secteurs informels. Ces programmes ont eu des résultats mitiges faute d'un encadrement et d'un suivi rigoureux des bénéficiaires des financements de ces programmes.

Les travaux à très haute intensité de main-d'œuvre seront repenses pour absorber le

maximum de jeunes sur une période plus longue que celle pratiquée antérieurement, A cet effet, la création d'un commissariat aux travaux intensifs de main-d'œuvre permettrait un meilleur suivi et une évaluation permanente des programmes inities pour les jeunes diplômés et sans diplômes,

Le développement harmonieux et durable d'un Etat implique et exige, la participation efficiente de toutes les couches sociales, notamment les jeunes qui constituent la force et l'avenir de toute Nation. C'est pourquoi, tout l'avenir de notre pays repose sur notre capacité à donner à la jeunesse les moyens d'être les artisans du développement de notre pays. Si la jeunesse est incontestablement le moteur de l'avenir de notre pays, il nous faut remettre en cause les paramètres sur lesquels le développement économique de notre pays se reposait. Et cela passe également par la semi-mécanisation et la semi-industrialisation des facteurs de productions.

II. Pour une économie forte, transformer le monde rural

Je sais que nos populations rurales sont fortes. Elles sont fortes de leur travail, car elles ne rechignent pas devant le labeur, celui de la terre, de cette terre aride et dure du Burkina Faso. De même que le monde rural est dépositaire de la tradition, le travail de la terre est une tradition millénaire chez nous aux Burkina Faso. Il y a de la noblesse dans le travail de la terre, cette terre nourricière qui assure aux femmes et aux hommes de notre planète leur subsistance.

L'économie de notre pays est largement dépendante de l'agriculture et de l'élevage. Le secteur rural occupe une place prépondérante dans l'économie nationale ; il emploie 86% de la population totale. Environ 40% du PIB provient des activités agricoles et sylvo-pastorales (agriculture 25%, élevage 12% et 3% foresterie et pêche), considérées comme étant les principales sources de croissance économique du pays.[27] Le secteur agricole emploie plus de la moitié de la population active totale burkinabè et fournit un moyen de subsistance à une multitude de petits producteurs dans les zones rurales. Cela signifie que ce secteur d'activité est un véritable moteur pour notre pays dans la configuration actuelle de notre économie. Elle pourrait l'être davantage si tant est que l'on en prenne conscience et lui accorde encore plus d'intérêt qu'il n'en est

---

[27] Document de stratégie de développement rural à l'horizon 2015, Burkina Faso

aujourd'hui. Pour mieux comprendre la situation **il** nous faut poser un diagnostic juste de la situation du monde rural et en particulier de ses activités

1) **Diagnostic de l'état du monde rural**

Le secteur agro-pastoral bien qu' employant 86 % des actifs burkinabés, évolue en dents de scies depuis l'indépendance. Cette stagnation s'explique par le fait que la structure de la production connait peu de transformation. Par ailleurs, l'agriculture de type pluvial est dominée par de petites exploitations mises en valeurs par des techniques archaïques, ce qui limite la productivité du secteur.

Un grand nombre de personnes est nécessaire pour faire fonctionner des petites exploitations avec des outils non mécaniques et des rendements faibles. La daba, demeure dans plus de 90% de cas l'outil agricole le plus utilise. Depuis le années 60, les politiques de mécanisation agricoles n' ont pas réussi à changer les habitudes de la grande majorité des paysans, toujours attachés aux moyens de production traditionnels.

Avec une production moyenne annuelle de 4,5 millions de tonnes, l'agriculture nourrit à peine les quelque 20 millions de Burkinabè. Le coton est la principale culture de rente. Pendant plus d'une décennie, le Burkina Faso avec une production moyenne de 600 000 tonnes, était le premier pays africain producteur et exportateur de coton. Il représentait environ 60% des recettes d'exportation du pays. Cependant, depuis 2015 par de mauvais choix politiques, la production cotonnière est tombée sous la barre des 400 000 tonnes, faisant passer notre pays du 1er au 4ème rang sur le plan continental.[28]

L'élevage représente quant à lui, deuxième pilier de l'économie agricole burkinabè, repose principalement sur un système de pâturage extensif (pastoralisme transhumant, système agropastoral). Même si l'élevage est la seconde force motrice de l'économie rurale burkinabè, il

---

[28] Source : Ministère de l'Agriculture

évolue donc sur des pratiques traditionnelles qui limitent sa productivité. Si l'élevage se pratiquait au Nord du pays, actuellement il a pris une importance dans toutes les régions.

Tout comme le secteur agricole, l'élevage a généré peu de chaines de valeur ajoutée. Alors qu'il aurait pu constituer un secteur économique dynamique au regard de son potentiel de transformation économique et social. Malgré des efforts fournis, l'offre sur les marchés les plus dynamiques n'a pas pu satisfaire la demande en constante augmentation.

La demande nationale pour les produits agricoles est en hausse en raison de la forte urbanisation induite par un exode rural massif ces dernières décennies. De même, le boom de l'industrie minière a accru la demande en produits agroalimentaires. Les conditions climatiques, les problèmes fonciers et l'accès à l'eau constituent malheureusement des freins au développement du secteur rural.

Donc, le potentiel d'activités agricoles et sylvo-pastorales est sous-exploité et le métier, encore aujourd'hui, reste dévalorisé à tel point que nos jeunes qui n'y voient guère une source de revenu conséquente, s'en détournent au profit d'autres activités tel que l'orpaillage. La précarité dans laquelle vive les jeunes en campagne, explique en partie l'exode rural vers les villes. Le monde rural se vide progressivement de ses bras vaillants au profit des villes.

De même, l'inexistence d'un statut reconnu de l'agriculteur, n'offre pas aux jeunes ruraux des perspectives d'une évolution professionnelle et sociale. Nous devons donc nous pencher sur cette question pour revaloriser le statut du paysan burkinabè.

Par ailleurs, la formation professionnelle dans les métiers de l'agriculture reste peu développée. Ce qui prive notre pays de techniciens de terrain bien formés et capables de prodiguer les conseils nécessaires rendant plus efficiente l'activité de nos paysans. Il faut également relever le fait que notre agriculture est peu diversifiée et qu'elle souffre d'une absence de filière agro-industrielle conséquente, même si la culture de rente, les fruits et légumes, constituent un point fort de cette agriculture.

Néanmoins, il est une difficulté qui à cet égard reste encore à surmonter, à savoir l'accès aux marchés qui, eux-mêmes, connaissent une organisation insuffisante. On doit noter enfin l'absence de financement conséquent en direction des paysans qui éprouvent de nombreuses difficultés à accéder aux crédits bancaires.

Toutes ces insuffisances, non exhaustives évidemment, que je viens d'énumérer, conjuguées entre elles, sont l'expression d'une défaillance plus importante, celle de l'absence totale de politique agricole digne d'un pays à dominance rurale comme le Burkina Faso. C'est pourquoi, je voudrais rendre hommage aux Burkinabè de nos campagnes, nos valeureux paysans, qui en dépit de ce désintérêt des gouvernants à leur endroit, font la fierté de notre pays. Je veux leur dire que toute l'attention leur sera accordée   pour permettre à notre pays de s'engager dans la voie de l'émergence. Dans mon projet de société, les populations du monde rural occupent une place de choix, car c'est le peuple même du Burkina Faso qui y est présent.

Au total, le faible niveau d'instruction et de formation des populations rurales, la persistance des inégalités socioéconomiques, l'enclavement, la marginalisation et la pauvreté accentuée qui touche davantage les populations les plus vulnérables des campagnes burkinabé constituent des freins au développement et des situations à risques qu'il convient de juguler. Les disparités se manifestent aussi bien entre le monde rural dans sa globalité et le monde urbain. Il s'agit   en matière d'accès aux services sociaux de base, d'infrastructures, d'équipements, de crédits bancaires, etc. Cela a pour effet l'accentuation de l'exode rural et de la pression sur les villes.

Le terrorisme a du reste exploité l'extrême pauvreté de certaines régions pour creuser son lit en mêlant trafics et radicalisme religieux. C'est pourquoi le Burkina Faso ne peut se développer qu'en transformant radicalement les secteurs de l'agriculture et de l'élevage dominé par un système d'exploitation archaïque.

La croissance économique du Burkina serait de 6,6 pour cent (2018). Quel paradoxe, alors que l'économie de ce pays ne s'est jamais aussi mal portée ! Certes, le secteur minier en particulier la production d'or, connait depuis au moins trois ans une belle embellie au plan international. La contribution des ressources minières au budget national en 2018 s'élève à quelque 266 milliards de FCFA. Soit 11,4 pour cent du PIB.

Malgré cette performance relative, le secteur minier contribue pour très peu à la réduction de la pauvreté de notre pays. Les recettes qu'il génère au profit du budget national, servent davantage aux dépenses de fonctionnement de l'État plutôt qu'à l'investissement productif. Puisque les ressources minières ne sont pas renouvelables, les politiques doivent donc mettre l'accent sur l'investissement productif des revenus qui en sont issus pour accroitre la productivité globale de l'économie, notamment du secteur agricole.

Provoquer une véritable révolution macro-économique du monde rural par un accroissement de la productivité et une transformation sociale, est le seul moyen durable d'augmenter la production, satisfaire simultanément les besoins des consommateurs et des producteurs. C'est la seule porte ouverte à une croissance forte, inclusive et durale capable de nous faire sortir du cercle vicieux de la pauvreté au Burkina Faso.

2) Accroitre la productivité et la spécialisation du secteur agricole et pastoral

Le concept de la productivité du secteur agricole comme moyen de passer du sous-emploi au plein emploi en milieu rural n'est pas nouveau en soi. Mais jusque-là, il s'est limité à des théories et à des tergiversations d'experts. Une hausse de la productivité suppose nécessairement une modernisation, un accroissement et une amélioration significative de la main-d'œuvre locale.

L'accroissement de la production et la productivité de l'agriculture de façon durable est la seule alternative pour renforcer la sécurité alimentaire et augmenter les revenus et l'emploi dans le monde rural. L'augmentation de la production agricole, résulte de la combinaison de deux éléments : la quantité de facteurs de production (terre, capital, travail) mobilisée et l'amélioration de l'efficacité avec laquelle ces facteurs sont utilisés, grâce au progrès technique et organisationnel ou suite à une meilleure qualification de la main d'œuvre.

La productivité mesure le second élément, c'est-à-dire l'efficacité du processus de production. Une hausse de la productivité peut, en théorie, accroître à la fois le revenu des producteurs et le pouvoir d'achat des consommateurs, grâce à la baisse des coûts de production unitaires. Elle stimule la production et la consommation et constitue, de ce fait, un moteur majeur de la croissance économique et de la progression du niveau de vie à moyen terme. Augmenter la productivité agricole est un enjeu crucial pour beaucoup de pays en développement, où un grand nombre d'actifs travaillent dans l'agriculture et où l'alimentation absorbe une part élevée du revenu des ménages.[29]

Je sais que l'option de l'augmentation de la production et de la productivité agricole entraine une pression sur l'environnement. Cependant, il est possible d'accroitre la production agricole dans le but de parvenir à la sécurité alimentaire, tout en prenant en compte les exigences écologiques du moment et du futur.

---

[29] Cf. Frank Hollinger et John M. Staatz, op.cit.

3) **Relancer la production industrielle par la promotion des chaines de valeur agricole**

Notre pays s'est toujours caractérisé par la faiblesse de son tissu industriel. Or, l'industrie a constitue le fer de lance du plein emploi des pays développés, Notre vision est que le Burkina Faso en tant que pays essentiellement agricole doit miser sur l'industrialisation du secteur agricole. Ainsi on intégrerait la paysannerie en amont et en aval de l'industrie. Ce qui permettra la professionnalisation de la main-d' œeuvre et son accroissement dans le milieu rural. Mieux, **il** nous faut pousser au développement des chaines de valeur agricole afin d' accélérer l' émergence d'industries agroalimentaires et manufacturières dans notre pays.

[e prends deux secteurs dont les chaines de valeur auraient pu avoir un grand impact sur la croissance économique inclusive. Pendant longtemps, le Burkina était le leader africain dans la production cotonnière. Toute la production du

Burkina était exportée sans aucune valeur ajoutée. En dehors des usines d'égrenage de la Société des fibres et textiles du Burkina Faso (SOFITEX) et de l'usine de filature à Bobo-Dioulasso, le coton est très faiblement transformé dans notre pays.

De même, dans le domaine de l'élevage, l'essentiel de notre bétail est exporté sur pied. Ce qu'il nous faut, c'est entreprendre des initiatives fortes de financement les chaines de valeur qui permettraient en amont, la modernisation de l'agriculture ou de l'élevage et en aval la transformation, l'emballage, le stockage, le transport et la distribution. Autant d'activités qui généreraient des emplois et d'importantes retombées économiques.

C'est pourquoi, l'industrialisation du Burkina Faso doit s'appuyer sur le développement de l'agriculture et de l'élevage, les seuls secteurs capables de s'insérer véritablement dans la chaîne de valeur mondiale et d'apporter d'importantes devises à notre économie.

4) De ma vision du développement du monde rural

Dans les lignes qui suivent, je vais décliner des propositions qui traduisent une nouvelle vision du développement économique et social du monde rural. Pour ce faire, j'entrevois un certain de reformes et de politiques, si elles sont mises en œuvre devraient avoir un impact réel sur le développement du monde rural et entrainer une croissance économique inclusive, partagée et durale. L'exemple de la croissance accélérée en moins d'une décennie par des pays asiatiques comme le Vietnam, la Thaïlande, le Laos, l'Indonésie et la Malaisie qui ont mise sur une véritable révolution agricole, nous incite à faire preuve de plus de volonté politique, de sacrifices et d'audace pour provoquer le décollage économique de notre pays.

La nécessitéé d'une nouvelle politique s'impose donc si nous voulons parvenir à une croissance inclusive, durable et impactant le progrès de notre pays. C'est pourquoi, je propose trente cinq (35) idées pour propulser le développement du monde rural : Il s'agit :

- le diagnostic et l'analyse approfondis de la situation économique et sociale du monde rural ;

- une large concertation pour une adhésion de toutes les parties concernées par le développement du secteur à la formulation, la mise en œuvre, le suivi et l'évaluation de la politique nationale en matière agricole et pastorale, pour la rendre plus cohérente et en phase avec les attentes de toutes les parties prenantes ;

- la mise en convergence et en cohérence des plans et programmes d'intervention du développement du monde rural ;

- l'alphabétisation généralisée, la formation et l'acquisition de compétences pour les agriculteurs et les éleveurs ;

- la réforme en profondeur de la recherche sur les spéculations, de l'organisation et de l'encadrement du monde rural en vue d'y stimuler la production et la productivité ;

- la révision de la réforme agraire et foncière (RAF) (la loi 034-2012/AN du 02 juillet 2012 portant réorganisation agraire et foncière au Burkina Faso) en vue, d'une part, de prendre de nouvelles dispositions garantissant les droits des exploitants et des éleveurs et, d'autre part, de garantir l'accès des femmes et des personnes vulnérables à la terre et aux ressources naturelles ;

- la recherche, le développement et le financement des chaînes de valeur agricole pour accélérer la productivité et la compétitivité de l'agriculture et de l'élevage ;

- l'amélioration du cadre juridique et réglementaire du climat des investissements dans le secteur agricole et pastorale ;

- des mesures incitatives en faveur d'une plus grande implication du secteur privé dans le financement du secteur agricole et pastoral ;

- le soutien aux initiatives d'investissement dans les innovations et dans les technologies d'amélioration de la productivité agricole et pastorale ;

- le soutien aux acteurs intervenants dans les innovations technologiques en matière de production agricole et pastorale ;

- la subvention des producteurs et des éleveurs les plus actifs pour intensifier leur production ;

- l'intensification de la modernisation des outils de production agricole et des mesures garantissant la santé animale ;

- la facilitation de l'accès aux moyens de production, intrants et services de soutien aux agriculteurs ;

- la réduction des coûts de production sur toute la chaîne de valeur du secteur agropastoral par des mesures fiscales appropriées ;

- la création de centres d'incubation de startups en faveur de jeunes étudiants pour valoriser les innovations dans les domaines de la productivité agricole et pastorale ;

- la prise de mesures protectrices pour favoriser la production et l'écoulement de la production en priorisant le marché national et subsidiairement celui de la sous-région ;

- une transformation globale de la recherche scientifique agricole afin de lui consacrer plus de ressources humaines, matérielles et financières pour obtenir des résultats plus rapides pour un usage massif ;

- l'investissement public dans l'enseignement et la formation professionnelle en milieu rural ;

- le lancement d'un programme d'investissement massif en vue de doter toutes les régions d'importantes pistes rurales et autres axes routiers praticables en toute saison pour favoriser le désenclavement rural ;

- la mise en place d'un programme spécial en vue de réaliser toutes les infrastructures d'accompagnement de la production agricole et pastorale dans tous les chefs-lieux de communes et gros villages ;

- l'introduction de normes et standards des produits de qualité en vue d'accroitre la compétitivité des exportations des produits agricoles ;

- le développement d'une politique de soutien aux cultures de rente et aux produits forestiers non ligneux pour accroitre les revenus des paysans ;

- le développement d'unités de transformation agroalimentaire dans toutes les régions du pays ;

- la mise en place d'une assurance risque agricole (aléas climatique, catastrophes naturelles, attaques ravageurs, épidémie animale etc.) ;

- la réalisation d'ouvrages hydrauliques petits, moyens à grands dans tous les villages et villes en vue de développer l'irrigation et la production agricole diversifiée en toute saison ;

- l'exploitation à grande échelle de nappes d'eau souterraines, à l'exemple du forage Christine,[30] pour les régions du Sahel, du Nord et du Centre Nord ;

- la subvention d'intrants améliorés (semences, engrais, pesticides et médicaments vétérinaires), prioritairement en faveur des paysans à petits revenus pour améliorer leur production ;

- la mise en place d'un programme spécial genre en vue de relever le niveau et

---

[30] *Le forage Christine est une infrastructure hydraulique exceptionnelle. D'un débit de 5 000m3 par heure, il couvre une superficie totale de 30 000 ha. Réalisé en 1971, il se situe dans le village de Boula, à 40 kilomètres de la marre d'Oursi dans le département de Déou (province du Soum).*

d'accroitre l'implication des femmes dans la production et la productivité agricole ;

- l'élaboration d'une politique de développement du capital humain en zone rural en vue d'accroitre les performances des activités agropastorales ;

- l'intensification d'infrastructures de santé dans les régions rurales ;

- l'intensification des infrastructures scolaires dans les régions rurales ;

- le développement de programmes de renforcement de la population rurale à la résilience au regard des conséquences des changements climatiques ;

- la promotion d'un cadre juridique et réglementaire favorable au développement de toutes les chaînes de valeur de la production agricole et pastorale ;

- le renforcement de la coopération sous-régionale en matière de programmes de développement de l'agriculture et de l'élevage.

Avant de clore ce chapitre, je voudrais ici insister sur un aspect non moins important de ma vision de l'agriculture du futur. Il s'agit de l'agro-écologie comme levier du développement agricole.

En effet, notre pays subit aussi les effets du changement climatique avec ses répercussions négatives sur nos sols, constituant une menace pour une forme d'agriculture familiale, de subsistance. À cet égard, l'agro-écologie peut constituer une solution viable pour lutter contre la famine et pour assurer une réelle sécurité alimentaire du peuple burkinabè. Les expériences réussies des fermes écologiques réalisées par certains paysans renforcent ma conviction selon laquelle notre agriculture doit s'adapter aux transformations climatiques et au temps, nous obligeant à être de plus en plus créatifs. Dans ce sens, l'agro-écologie est un gage de réussite quand on connait ses avantages et ses résultats sur le plan socioéconomique et écologique sur le terrain, car cela a permis à des paysans d'améliorer de façon significative leur condition d'existence. Voilà pourquoi, ma politique agricole intègrera cette expérience encore balbutiante dans notre pays.

En conclusion, toutes ces idées émises constitueront les fondements d'une politique ambitieuse et transformatrice du monde rural, matrice de notre société. Cela passe par un véritable changement de politique de développement. Donner la priorité au monde rural pour en faire le moteur de la croissance économique, induit la remise en cause de certains choix politiques qui ont guidé pendant longtemps la gouvernance de notre pays.

La transformation rapide du monde rural est possible par le développement du capital humain comme moyen pour rehausser le niveau de technicité des paysans en vue de les faire passer d'une situation de sous-emplois à une situation de plein emplois diversifiés grâce à une multiplication des chaines de valeur du secteur agricole et de l'élevage. Mais aussi s'impose un changement en profondeur de la mentalité et l'abandon de certaines pratiques culturelles rétrogrades qui maintiennent la majorité des populations rurales dans une forme d'asservissement.

III. Le développement durable, un pari pour les générations futures

1) Faire face au changement climatique

L'avenir de notre pays et ceux de la plupart de la planète sont confrontés au phénomène du changement climatique. Point n'est besoin d'interroger les paysans du Burkina pour savoir, qu'il y a une véritable perturbation du cycle saisonnier. Un ensemble de patrimoines culturels et biologiques qui faisaient jadis la beauté de notre environnement disparait. Des forêts entières ont disparu sous des facteurs multiformes dont la plupart sont liées à l'homme. D'importants cours d'eau se sont asséchés dans plusieurs régions du pays, sous l'effet du changement climatique. De ce que disent nos aînés, les trois grands fleuves mythiques de notre pays, à savoir les trois « Volta »[31], ne seraient plus ce qu'ils étaient, il y a une certaine époque pas très lointaine. L'écosystème s'est transformé au point où les jeunes de notre génération n'ont pas connu certaines riches espèces de notre faune et de notre flore. Quant aux plus jeunes, ils ne verront les animaux sauvages que dans des documentaires à la télé.

L'Afrique est le continent le plus durement touché par le changement climatique selon les spécialistes, bien qu'elle soit moins responsable que d'autres régions de la planète de ses facteurs causales. De nombreuses conférences sur l'environnement se sont tenues depuis le Sommet de la Terre à Rio (Brésil) en 1992, dont celles de Kyoto au Japon (1997), Copenhague au Danemark

---

[31] *Les trois grands fleuves burkinabè s'appelaient avant la Révolution : Volta Blanche, à l'Est, Volta rouge au Centre et la Volta noire à l'Ouest. Ces fleuves seront rebaptisés sous la Révolution. Le Nakambé (Volta blanche), le Nazinon (Volta rouge) et le Mouhoun (Volta noire)*

(2009), Paris en France (2015) et Madrid en Espagne en 2020. De nombreuses résolutions, protocoles et accords ont été signés. Mais leur mise en œuvre reste nettement en deçà des objectifs assignés. Quant au pays africains, faute d'une position commune, ils font davantage de la figuration dans ces grandes conférences internationales.

2) Remettre le développement durable au centre des politiques

Les questions environnementales doivent être appréhendées dans une approche globale et s'inscrire dans la vision du développement durable. Il s'agit du développement qui respecte à la fois les besoins économiques, les besoins sociaux et l'environnement. Le développement durable est l'idée que les sociétés humaines doivent vivre et répondre à leurs besoins sans compromettre ceux des générations futures. En effet, l'originalité du développement durable se situe dans la prise en compte du long terme à travers le concept de générations futures. Ce faisant, le concept de développement durable remet en cause l'approche développementaliste fondée sur une simple croissance économique. Si le développement ne prend pas en compte les générations futures, nous gaspillerons les ressources naturelles et nous réaliserons des projets qui n'auront aucun impact sur l'avenir.

Même si la notion de développement durable a été galvaudée et même dévoyée, elle demeure une vision juste dans l'approche du progrès social et de la préservation de l'environnement. Dans ce sens, le développement durable offre de meilleures perspectives pour un pays comme le Burkina Faso. Et si la volonté politique existe, il est possible de restaurer, valoriser et de conserver notre écosystème.

Ma vision de développement durable est transversale et embrasse de nombreux domaines. Mais je me limiterai à quelques domaines.

3) Les chantiers du développement
La maitrise de la démographie

Notre pays connaît une croissance démographique forte (3,1 pour mille) par an. La démographie reste au cœur de toute politique de développement. C'est pourquoi, la croissance économique n'a de sens que si elle a un impact positif sur la vie de tous les Burkinabè. D'où la question de savoir si notre croissance économique supporte la pression démographique. En d'autres termes, la création des richesses dans notre pays permet- elle de subvenir aux besoins de base de la totalité de la population comme en matière de santé et d'éducation ? Le sujet est délicat parce qu'il touche beaucoup à des valeurs religieuses et culturelles. L'approche que je me fais de la question n'est pas d'ordre moral. Elle est essentiellement économique. Je veux à terme que nous atteignions l'autosuffisance alimentaire et l'accès aux soins médicaux pour tous, indépendamment des croyances des uns et des autres en matière de population.

D'aucuns croient en Afrique, que la croissance et la taille de la population sont des facteurs de prospérité, même si on peut prouver le contraire. Une de ces études, qui a porté sur 103 pays, a montré qu'aucun ne s'est développé sans une baisse parallèle de la fécondité.[32] Je pense tout simplement, qu'une politique démographique maitrisée permettra de résoudre l'inadéquation entre le taux de démographie et le taux d'une croissance économique inclusive. Pour cela, nous devons mener une bonne campagne de communication pour le changement de comportement, afin que les populations adhèrent en connaissance de cause et en toute liberté à la politique démographique qui sera adoptée. Une natalité maitrisée est un facteur déterminant de l'émancipation des femmes pour leur permettre de mieux s'insérer dans le processus de développement.

---

[32] Jean-Pierre Guengant et Liora Etührenberg, Poser la question de la démographie en Afrique de l'Ouest, article publié in Grain de sel n° 59-62 — juillet 2012–juin 2013 et publié sur Internet.

4) L'exploitation rationnelle des ressources naturelles

L'augmentation de la population en milieu rural, n'est pas la principale menace sur notre écosystème. II faut plutôt s'interroger sur le mode de production économique, Le choix d'une agriculture avec des grands moyens de production doit nécessairement s'adéquater aux ressources naturelles locales. je n'accepterai jamais que l'on spolie les paysans ou que l'on brade des grandes superficies de terre au profit de propriétaires immobiliers ou en faveur de groupes multinationales agro-alimentaires. La tendance que nous voyons aujourd'hui est source d'inquiétude dans toutes les régions du Burkina Faso.

5) Les ressources minières

Par ailleurs, je serai très regardant sur l'exploitation minière industrielle afin qu' elle ne se fasse pas au détriment des intérêts de la population et aussi de la préservation de l'environnement. Si l'exploitation minière apporte des dividendes   à l'Etat burkinabè, elle ne suffit pas à avoir un véritable effet d'entrainement sur le développement de notre pays. En clair, les politiques minières jusque-là n'entrainent pas d'effets structurants majeurs sur l'économie alors que leur exploitation affecte gravement l'environnement.

L'exploitation des ressources minières a connu un boom au Burkina Faso à partir de 2008 avec la politique minière mise en œuvre à cette époque. Le pays est devenu le 4ème exportateur d'or au niveau mondial. Si les retombées des ressources minières ne sont pas négligeables pour le trésor public, elles ne semblent pas encore avoir un impact sur la vie des Burkinabè en particulier dans les zones où elles sont exploitées.

Il va sans dire que dans ces circonstances, la question de la sauvegarde des ressources minières au profit des générations futures se pose. Toute l'exploitation minière notamment aurifère, est exclusivement menée par des sociétés industrielles privées en très grande majorité extérieures. Certes, l'Etat en tant qu'actionnaire minoritaire (10% du capital obtenu gratuitement), se contente des dividendes et autres redevances. Le secteur étant peu fiscalisé, la quote part des recettes minières de l'Etat reste limitée, quoiqu'elle représente environ 10% de ses recettes globales.

Ces ressources acquises sont immédiatement dépensées sans tenir compte des générations futures. Il serait bien, qu'au-delà des recettes acquises, l'Etat trouve un moyen de se constituer un stock d'or qui soutiendra son économie et ses capacités financières. La valeur de l'once d'or étant croissante, elle représente un investissement refuge pour les générations futures et une bonne garantie pour une éventuelle formation d'une monnaie régionale réellement indépendante.

Par ailleurs, en l'absence d'une véritable évaluation, on peut s'interroger sur l'impact de l'exploitation minière sur les écosystèmes locaux. C'est pourquoi, il devient impérieux de lancer une grande étude indépendante d'impact environnemental, en vue de cerner les conséquences de l'exploitation minière sur les écosystèmes et la santé des populations. Il faut craindre à terme que l'industrie minière ne provoque un désastre écologique qui pourrait engendrer des conflits aux conséquences imprévisibles.

Dans tous les cas, il faut repenser la politique minière dans le but de permettre aux Burkinabè d'aujourd'hui et ceux du futur de jouir réellement des bénéfices de leurs ressources minières. La politique minière devrait donner des orientations claires qui préservent l'environnement de l'exploitation minière.

6) L'accès à l'eau et à l'assainissement

La question de l'eau est au cœur des enjeux du développement durable. Les besoins de développement et celui de l'alimentation des hommes et du bétail entraînent une demande accrue en eau. Or, la quantité et la qualité de l'eau diminuent en raison de facteurs multiples sur lesquels je reviendrai.

Bien que la proportion de la population burkinabè ayant accès à l'eau potable augmente sensiblement, notamment dans les centres urbains, le nombre absolu de personnes sans accès à l'eau potable reste très élevé. Il est heureux de constater, que le droit de tout burkinabè à l'eau potable, figure désormais dans la loi fondamentale. Mais dans la réalité, ce droit demeure encore un simple vœu pieux. L'eau est au cœur des préoccupations majeures de nos populations.

L'accès à l'eau tant à l'usage domestique que de soutien à la production fera l'objet d'un engagement fort. Aucun village ou hameau de culture ne restera plus sans un forage. C'est pourquoi à titre personnel j'ai offert une trentaine de forages à plusieurs localités du Burkina. Des études seront poussées pour la réalisation de grands barrages à travers le pays pour soutenir l'agriculture et l'élevage.

7) Urbanisation, assainissement et qualité de la vie.

Le modèle d'urbanisation que nous connaissons soulève cependant des problèmes en termes de développement durable. L'exode rural a entrainé l'explosion démographique des villes. La population de la capitale, Ouagadougou, qui est d'environ 2,8 millions d'Habitants, croit de 7% par an, tandis que celle de Bobo-Dioulasso, qui est d'environ 1,3 million d'habitants, croit de 11% par an. Selon les estimations des Nations Unies, 76,5% de la population urbaine du Burkina Faso vit dans des quartiers d'habitat précaire.[33] Cette croissance démographique exponentielle des villes pose donc d'énormes problèmes en termes d'accès aux services sociaux de base telles que l'eau potable, l'énergie, la santé, l'éducation et le transport. Seule une vraie politique de la vie permettra de planifier le développement urbain tout en tenant

---

[33] Source : Programme-pays urbain du Burkina Faso (PPUB), Ministère de l'Habitat et de l'Urbanisme.

compte des infrastructures adaptées à la taille de chaque ville.

Dans ce sens ma priorité ira au développement des voiries urbaines. Je veillerai particulièrement à la réalisation de caniveaux et d'égouts dans tous les quartiers pour une meilleure évacuation des eaux fluviales et ménagères. La saison pluvieuse rend impraticable la mobilité dans de nombreux quartiers et expose constamment les populations à des inondations.

La forte croissance urbaine a de multiples conséquences sur le plan des équipements nécessaires en ville pour l'accueil de la population, et notamment sur le plan des transports. Dans le domaine des transports intra-urbains, nous constatons les nombreuses difficultés qui se posent en terme de mobilité et de sécurité pour nos concitoyens. La circulation dans la ville de Ouagadougou est saturée avec le nombre impressionnant des engins à deux routes et des automobiles de tout ordre qui se côtoient sur des chaussées étroites. Il faut repenser absolument le mode déplacement pour privilégier les transports en commun très marginal dans les grandes villes. Il nous faut explorer toutes les possibilités allant des moyens souterrains et aériens pour faciliter le transport des citadins de grandes villes comme Ouagadougou et Bobo-Dioulasso.

Je salue le démarrage effectif en octobre 2019, de la construction de la voie de contournement Nord-Sud de la ville de Ouagadougou, d'une longueur de 125 km confié à l'entreprise burkinabè EBOMAF. Nous engagerons des études en vue de mobiliser des ressources pour réaliser des infrastructures de même nature au profit des grandes villes du pays.

La qualité de la vie dans notre pays est affectée par la pollution de l'air et diverses nuisances tant en villes que dans les campagnes. On n'en parle pas assez et pourtant la situation devient de plus en plus préoccupante tant elle affecte la santé des populations.

Les modes de vie dans les grandes villes telles que Ouagadougou et Bobo-Dioulasso engendrent beaucoup de pollution. C'est le cas des gaz dégagés par la cohorte des moyens de locomotion (véhicules et cyclomoteurs). Le contrôle technique des véhicules manque de rigueur à cause de la corruption. Ce qui ne permet pas de limiter dans la circulation des véhicules ou des engins qui polluent extrêmement l'air.

À côté de ce type de pollution, on peut pointer du doigt les nombreuses usines qui de par l'extension anarchique de la ville se retrouvent en zones habitées. Nombre de ces usines ne respectent pas les cahiers de charges environnementaux. Même si l'on constate un effort dans l'assainissement de la capitale, force est de constater que de nombreux quartiers sont envahies par les ordures ménagères, les sachets plastiques et les excréta.

La maîtrise de l'urbanisation est indispensable pour impulser le développement. Le phénomène de l'extension sans limite des villes, surtout des habitations spontanées dans les périphéries, pose de vrais problèmes pour les populations qui y habitent. Du fait de la quasi absence d'infrastructures sociales, les habitants y vivent comme dans des ghettos. Il nous faut y mettre un terme par des lotissements maitrisés et la réalisation d'infrastructures élémentaires de base en terme d'éducation, de santé, de loisir, d'assainissement et de structures économiques.

Au total, il nous faut tenir des états généraux sur la ville en vue de rechercher ensemble les solutions adéquates qui se posent de façon pressante dans les centres urbains. .

Le développement durable participe à créer des richesses, à réduire la pauvreté tout en préservant les ressources naturelles pour les générations futures.

CHAPITRE V

Les infrastructures poumons de l'économie

Les infrastructures constituent incontestablement les poumons de toute économie. Les routes, les chemins de fer, les aéroports, l'énergie, l'eau, les télécommunications, les technologies de l'information et de la communication stimulent toutes les activités qui contribuent à l'essor économique. En effet, chacun des stocks d'infrastructures cités contribuent d'une manière directe ou indirecte à des gains de productivité, à la réduction des coûts et à la stimulation du commerce en particulier. D'après la Banque mondiale, l'absence d'infrastructures de qualité, notamment dans le domaine du transport « ralentit la croissance des pays de 2 % et limite la productivité des entreprises jusqu'à 40 % »[34].

---

[34] Banque mondiale : infrastructures africaines, une transformation importante. Consultée sur internet

Je m'appesantirai sur quatre secteurs qui de mon point de vue sont très structurants pour l'économie.

I.   Les routes

L'Afrique est le continent dont la densité des réseaux routiers est des plus bas au monde. Selon des données fournies par la Banque Africaine de développement (BAD), la densité du réseau routier africain s'élevait en 2013 à 7 km de route pour 100 km2 derrière l'Amérique latine (18 km) et l'Asie (18 km). À titre d'exemple, cette densité était pour le Burkina Faso de (5,6 km/100 km2 et 100 km/100 000 habitants) comparée à la moyenne CEDEAO (10,5 km/100 km2 et 266 km/100 000 habitants (2015). De plus, seuls 28% de ces routes étaient bitumées. Ce qui ne permet pas de faciliter le trafic routier devenu indispensable dans les échanges économiques. Cette mauvaise qualité des routes africaines, représente un coût énorme, non seulement pour les particuliers, mais également pour les États. Le coût du transport en Afrique est l'un des plus élevés au monde.

Pour un pays enclavé comme le Burkina Faso, les voies de communication sont cruciales pour son développement. Un réseau routier bien construit et bien entretenu est essentiel à la croissance économique. Le professeur Rémy Prud'homme disait avec justesse que : « *La route du développement passe par le développement de la route* ».

Malgré les nombreux efforts fournis depuis une trentaine d'années, le Burkina Faso est l'un des pays de l'Afrique de l'Ouest dont le réseau routier est des moins développés. La faiblesse et le mauvais entretien du réseau routier se font sentir à travers tout le pays. Au moins 40% de la population rurale vit à moins de 2 km de routes praticables. De très nombreux villages sont donc enclavés et ne sont pratiquement reliées par aucune voie au chef-lieu de la commune. La situation devient pire pendant la saison hivernale où souvent de très nombreux villages sont coupés du reste du pays.

La situation n'est guère meilleure pour les routes départementales ou régionales. En milieu rural, chaque année de très nombreux villages se voient priver de semences améliorées et d'intrants agricoles, faute de routes pour permettre aux transporteurs d'y accéder. Par ailleurs, des récoltent pourrissent en campagne faute de pouvoir les acheminer d'une région à l'autre.

Le mauvais état et l'insuffisance des routes conduisent à un renchérissement des coûts de production et des services, entrainent une faible productivité de l'économie. Ils occasionnent une baisse de la compétitivité et freinent les flux d'investissements directs étrangers dans le pays. Le mauvais état des voies de communication a un impact négatif sur la mobilité et maintient les populations dans la pauvreté.

Alors que faire ? Il faut repenser entièrement la politique de développement des infrastructures routières qui doit être en cohérence avec les objectifs des plans et programmes de développement à court, moyen et long terme de notre pays.

Dans cet esprit, une attention sera portée sur les routes nationales qui desservent les pays voisins ou relient des régions. Des efforts ont été faits ces dernières années pour entretenir et renforcer certaines de ces voies à l'instar de Banfora-frontière de Côte d'Ivoire, Koupèla frontière du Togo, Po-frontière du Ghana, Ouahigouya frontière du Mali. Au regard de la densité du volume des échanges économiques avec les pays voisins, un programme spécial permettra un entretien plus régulier de ces voies, grâce à la mise en place d'un mécanisme efficace de gestion. Par ailleurs, il faudrait, à moyen terme, penser à transformer ces routes qui conduisent aux pays voisins en autoroutes conformément aux projets de développement préconiser par l'Union monétaire de l'Afrique de l'Ouest (UEMOA).

Il ne suffit pas seulement de construire des routes, encore faut-il les entretenir régulièrement. Or sur ce point, les insuffisances sont nombreuses. La dégradation des routes provient en partie des l'intensité du trafic. Malgré les mesures prises au plan sous régional, les camions de marchandises empruntant les routes burkinabé, sont surcharges. Les quelques rares dispositions prises pour le contrôle de la charge à l'essieu, ne fonctionnent pratiquement pas.

Les routes bitumées sont aussi dégradées par la réalisation de ralentisseurs sauvages au niveau des villes et des villages.

L'entretien routier doit devenir une priorité du gouvernement. Dans ce sens, **il** importe de mettre en place des brigades d'entretien des principales voies de communication inter-urbaines et internationales. Des postes de péages modernes doivent être réalisés pour faciliter les sorties des grandes villes et pour accroitre les recettes. Ces recettes serviront prioritairement à l'entretien routier.

II.   Le chemin de fer

Le chemin de fer est-il toujours un mode de transport qu'il faut privilégier en Afrique? Pays enclave situe à plus de 1000 km de la mer, le Burkina Faso n'a pas d'autres choix que de développer des réseaux ferroviaires qui lui permettront d'avoir des dessertes en direction des ports des pays côtiers, La ligne de chemin de fer Abidjan-Ouagadougou à voie métrique unique d'une longueur totale de 1 260 km avec un écartement de 90 cm, construite entre 1905 et 1954 pour relier le port d'Abidjan à Ouagadougou avec une extension envisagée jusqu'a Niamey, capitale du Niger a fait pendant près de vingt ans les beaux jours du transport de marchandises et de voyageurs entre la Cote d'Ivoire et le Burkina Faso.

Ce que l'on considérait comme un exemple réussi d'intégration, tomberait en faillite une vingtaine d'années après sa mise en service : déclin du trafic et des recettes, manque d'orientation commerciale, mauvaise qualité des services, transport de voyageurs déficitaire, insuffisance d'entretien, importants sureffectifs du personnel, manque de discipline en matière technique et financière et lourdes pertes financières. La crise politique qui a secoué la Côte d'Ivoire entre 2002 et 2010 n'a fait que précipiter l'exploitation du chemin de fer dans le gouffre.

Le développement du secteur minier de ces dernières années aurait dû inciter les politiques à accorder au chemin de fer un intérêt plus important notamment par le prolongement du chemin de fer de Kaya à Tambao. Le retrait arbitraire de la concession d'exploitation du manganèse de Tambao à Pan Africa minerals par le gouvernement de la transition, confirmé par le régime de Rock Marc Christian Kaboré, a porté un véritable préjudice à ce grand projet qui devait enfin voir le jour.

Aujourd'hui, une concession d'une trentaine d'années a été accordée à Sitarail mais sans une véritable contrepartie pour les deux pays à qui appartiennent le chemin de fer. Certes, la participation du secteur prive dans l'exploitation du réseau selon un régime de concession peut être prometteuse pour transformer les chemins de fer en entreprises de type commercial viable. Des exemples existent dans le monde. Faut-il qu'un tel projet soit sous le contrôle des États concernes même si les capitaux viennent de l'extérieur,

Ma politique de développement de chemin se concentrera sur quelques projets majeurs tels que: la réhabilitation et la mise à norme (143 cm) du chemin de fer Abidjan-Ouaga-Kaya; la construction du tronçon Kaya-Tambao; la construction du chemin de fer Ouagadougou-Accra-Tema; la construction du chemin de fer Bobo-Dioulasso-Sikasso etc. Toutefois notre politique prendra en compte les autres projets sous-régionaux dont l'impact pourrait accélérer l'intégration, et partant, avoir des impacts pour l'économie de notre pays.

II va de soi que toutes les liaisons internationales ne peuvent aboutir sans une parfaite synergie avec les pays voisins.

III.   L'Energie

Lors d'un de mes séjours à Bobo-Dioulasso, je suis allé rendre visite à un parent dans un secteur à la sortie de la ville sur la route de Ouagadougou. J'ai été frappé par des installations électriques anarchiques. Des fils de courant suspendus sur des bouts de bois, reliaient des dizaines de maisons de ce quartier périphérique non loti, à une hauteur atteignant à peine deux mètres. Certes, de telles pratiques sont à proscrire. Mais **il** est aussi tout évident lorsque des personnes sont démunies et pauvres, elles sont prêtes à tout défier pour s'en sortir. Si les habitants de ce quartier ont précédé de cette manière illégale pour se procurer de l'électricité, cela se comprend aisément, L'Energie tout comme l'eau est devenue un besoin vital dans notre pays notamment en zone urbaine.

La très forte urbanisation constatée ces dernières décennies dans notre pays a entraine une explosion de la demande d'électricité, La Société nationale d'électricité du Burkina Faso

(SONABEL) peine à satisfaire les demandes des grandes villes telles que Ouagadougou, Bobo-Dioulasso, Koudougou, Ouahigouya etc. Non seulement l'offre est inférieure à la demande mais en plus la qualité du réseau fait souvent défaut. Les nombreux délestages provoquent d'importants dégâts et sont source d'inconfort pour les abonnés.

Le sous-développement énergétique au Burkina Faso est une des causes la paupérisation de la population. Combien d'hommes et de femmes privées d'électricité n'arrivent pas à bénéficier de soins de santé ? Combien d'enfants échouent dans les écoles et les collèges parce que privés d'électricité ? Comment peut-on impulser le développement dans ces conditions ? Comment opérer des transformations économiques, développer l'industrie et les technologies de l'information et de la communication si l'énergie n'est pas disponible en quantité, en qualité et abordable pour tous ?

La question énergétique au Burkina Faso s'oppose en ces termes :

– La prédominance de l'énergie thermique dans la production de l'électricité ; l'inadéquation entre la demande très forte et l'offre malgré le cout exorbitant du kilowatt heure ;

– L'inaccessibilité pour la majorité de la population surtout rurale, à l'électricité ;

– Le cout très élevé de la production, du aux facteurs infrastructurels et des produits notamment le fuel;

– Les monopoles existant dans le domaine particulier de la production et de la distribution;

– L'abondance des énergies renouvelables mais très peu développées,

l'énergie est un enjeu majeur pour notre pays parce qu'il conditionne le progrès de la société. L'électricité reste à la base de toutes les activités économiques et sociales et elle apporte un bien être irremplaçable à la population.

Le président Blaise Compaoré avait prône le développement de l'électrification rurale comme une alternative pour accélérer l'électrification des campagnes. Un vaste programme ambitieux fut lance en 2012 en vue d'électrifier la totalité des chefs-lieux de communes et tous les gros villages communaux. Pres de 600 localités étaient concernées par cette opération.

Le programme qui a démarré avec succès a été steppe dans un premier temps après l'insurrection d'octobre 2014. II fut néanmoins relance sous le régime du MPP. Aujourd'hui la quasi-totalité des chefs-lieux des communes ont été électrifiés. De nombreux gros villages ont eux aussi étés électrifiés dans le cadre de ce projet. Malgré cet effort, le déficit demeure gigantesque quand on sait qu'il y plus de 8000 villages au Burkina Faso.

Le déficit énergétique ne freine pas seulement le progrès économique mais aussi il contribue à perpétuer des pratiques traditionnelles de consommation énergétique qui ont un impact négatif sur l'environnement et la santé de l'homme. Dans notre pays, la grande majorité de la population a recours toujours aux sources d'énergie traditionnelles dont la biomasse (bois et charbon de bois) qui représentent plus des trois quart de la consommation d'énergie du pays. Les conséquences de ces pratiques sont visibles : disparition progressive des zones forestières, avancées du désert, pénibilité de la collecte de bois pour les femmes, maladies respiratoires dues à l'inhalation de la fumée etc.

Le sous-développement énergétique du Burkina Faso tout comme celui de la plupart des pays africains, vient en partie d'une option économique coloniale à savoir le choix de l'énergie fossile en particulier du pétrole comme la source unique et exclusive de l'approvisionnement des centrales thermiques.[35]

---

[35]*Au Burkina, trois principales sources énergétiques sont exploitées. Il s'agit du thermique diésel depuis 1954, l'hydroélectricité (depuis 1989) et le solaire photovoltaïque*

La dépendance du fioul était tellement ancrée dans les pratiques qu'à une époque donnée, la Sonabel interdisait même l'installation de toute autre source d'énergie aux cotes de ses branchements dans les maisons. Et pourtant tout le monde savait qu'avec la crise du pétrole des années 70, **il** devenait indispensable d'explorer d'autres sources d'énergie pour ne pas continuer de dépendre du pétrole. Ce faisant, notre pays est celui d'Afrique OU le cout du kilowatt/heure est le plus cher et l'électricité n'est accessible qu'à moins de 20% des habitants en ville et à 3% en zone rurale.

C'est sous la Révolution d'Aout 1983 et après, que fut engager fermement une autre politique énergétique. Parmi les innovations

(depuis 2017). La source thermique diesel est l'option la plus utilisée dans la chaine de production énergétique de la SONABEL avec 875 gigawatts/heure en 2018 contre 91 pour l'hydroélectricité et 54 pour le solaire, sur la même période

36 *En effet, c'est en 1985 que le capitaine Thomas Sankara posait la première pierre de la construction de la première centrale hydroélectrique du Burkina Faso. Ceci dans la quête d'une diversification et d'une plus grande autonomie énergétique.*

majeures introduites, c'est le recours à la construction des centrales d'énergie solaire. La toute première conçue sous le président Blaise Compaoré, a été le projet de construction de la plus grande centrale solaire de l'Afrique de l'Ouest à Zagtouli, d'une capacité de 33 MWc. Les études furent achevées et les financements bouclés en 2014. La centrale solaire dont les travaux ont commencé après l'insurrection, a été inaugurée en 2017 par les présidents Emmanuel Macron et Roch Marc Christian Kaboré. La réalisation de cette centrale est un important acquis dans la résorption du déficit d'électricité de la capitale et des villes environnantes. Il   faut saluer dans la même dynamique, la construction des centrales solaires des sociétés minières

---

Construite sur la Kompienga dans l'Est de notre pays, les travaux ont été achevés en 1988 et la centrale inaugurée en 1989 par Blaise Compaoré. Le régime révolutionnaire était animé par une volonté d'assurer non seulement l'indépendance énergique mais aussi de permettre à un grand nombre de foyers d'accéder à l'électricité. La seconde centrale sera construite au début des années 90 à Bagré sur le fleuve Nakambé, toujours dans Centre-Est du pays et inaugurée en 1994.

Iamgold à Essakane dans le Nord et de la Semafo à Mana dans l'ouest du pays.

Les énergies renouvelables ont donc fait leur entrée tardivement dans le paysage burkinabè. Le Burkina Faso comme la plupart des pays africains, fait face cependant, à un paradoxe comme je l'ai déjà souligné, entre l'abondance des ressources énergétiques naturelles et la très faible production d'électricité. En effet, au regard de nombreux sites répertoriés dans le pays, on aurait pu construire dans chacune des 13 régions au moins une centrale hydroélectrique ou une centrale solaire.

Les énergies renouvelables ne sont pas un effet de mode mais un choix stratégique et environnemental à l'échelle mondiale. Plus de 20% des besoins énergétiques primaires mondiaux en matière de production d'électricité sont couverts par les énergies renouvelables. Aux Etats-Unis, une étude montre que plus de deux cents millions de foyers seront exclusivement alimentés par l'énergie solaire à partir de 2020. Si l'on exclut la biomasse, 18% de la demande totale d'énergie dans le monde est satisfaite par les énergies renouvelables.

Le choix des énergies renouvelables[37] s'impose donc de plus en plus pour trois raisons essentielles : premièrement, elles sont en abondance et inépuisable comme le rayonnement solaire ; deuxièmement, elles sont disponibles et exploitables par tout le monde ; troisièmement, elles préservent l'environnement. Cependant, le défi pour l'approvisionnement en énergie solaire réside en la recherche et à la fabrication des intrants des plaques adaptés à la densité du rayonnement solaire de notre pays.

En raison de ce potentiel énergétique, nous avons la conviction qu'avec une vision et une forte volonté politique, dans les cinq à venir, le Burkina Faso peut atteindre au moins un taux d'électrification de 75% dont au moins 45%

---

[37] Les principales familles des énergies renouvelables sont : l'énergie solaire, l'énergie éolienne (le vent), l'énergie hydraulique (l'eau), Biomasse et déchets, l'énergie géothermique (chaleur d'eau chaude souterraine)

fournie par des énergies renouvelables. Cette couverture pourrait même aller au-delà si l'on mise sérieusement sur les énergies renouvelables. Cependant, une solution durable ne peut venir que de l'intégration sous-régionale. Dans une vision sous-régionale, il ne serait pas superflu d'engager une réflexion à travers l'UEMOA pour un approvisionnement énergétique à travers un grand projet nucléaire. Cette approche s'inscrit dans la volonté de transformer les matières premières régionales, comme l'uranium, pour en faire une source alternative d'électricité pour la sous-région. Le Niger exploite déjà son uranium. Des indices du minerai précieux existeraient dans les sous-sols du Burkina et du Mali.

La question de la production   d'énergie exige une vision prospective et intégrée des enjeux du développement durable. Trois questions essentielles sont à résoudre à savoir le modèle énergétique, la gouvernance du secteur et les investissements. Ce qui suppose une rupture totale avec le modèle énergétique qui prévaut jusque-là. Le choix des énergies renouvelables doit être une option fondamentale et stratégique de développement. Il s'inscrit dans un modèle qui privilégie l'exploitation de ressources naturelles nationales et le respect de l'environnement. S'il est vrai que certains secteurs de l'économie sont de gros consommateurs d'énergie comme l'industrie et les mines – de ce fait plus enclins aux centrales thermiques – il faut généraliser l'usage des énergies renouvelables dont en particulier l'énergie solaire dans les usages publics et domestiques. Il faut aller au-delà de la vision sectorielle, pour privilégier une approche globale par *nexus* (énergie - eau - déchets - agriculture), notamment en zones rurales.

Au total, les piliers de ma politique énergétique reposeront sur :

- l'accessibilité de l'énergie à tous les burkinabè ;
- l'intensification du développement de l'énergie solaire ;

- la réduction des énergies fossiles dans la production de l'électricité ;
- l'adoption d'un environnement réglementaire incitatif pour l'investissement dans les énergies renouvelables.

IV.   L'économie numérique

Les technologies de l'information et de la communication (TIC) sont devenues un pilier essentiel du développement économique. C'est la raison pour laquelle le concept d'économie numérique s'est imposé dans le monde. Nous sommes tous des acteurs de l'économie numérique sans toujours le savoir.

L'économie numérique est l'ensemble des activités économiques et sociales en relation avec les technologies de l'information et de la communication (TIC). Aucun secteur de l'activité humaine ne peut se passer des TIC. Ces technologies sont omnipotentes et omniprésentes dans la vie quotidienne grâce à des terminaux de traitement de l'information (Smartphones, ordinateurs, tablettes tactiles,), mais aussi à travers des équipements électroniques (TV, consoles vidéo, objets connectés, robots). À ces équipements, sont associés : les logiciels informatiques, les plateformes numériques, les applications mobiles, etc.

Le transport de ces produits numériques se fait sur la base d'une infrastructure numérique dont les composants, dits réseaux, se chevauchent et deviennent de plus en plus convergents. Ce soubassement numérique est composé de réseaux télécoms, de réseaux d'internet, de réseaux satellitaires, d'infrastructures data centres.[38] On comprend dès lors que ces technologies peuvent accélérer le développement d'un pays. C'est pourquoi, il y va de notre intérêt de faire de l'économie numérique la matrice de notre politique de développement. En effet, l'expansion rapide de l'économie numérique est une formidable aubaine pour le développement

---

[38] LTE Magazine du 28 janvier 2020, lu sur Internet.

économique et social en ce qu'elle ouvre la voie à des marchés mondiaux pour les applications et les services, accroît la capacité de production, abaisse les frais des entreprises, stimule la créativité et l'innovation.

Les retombées attendues des technologies numériques en Afrique, plus particulièrement de l'internet haut-débit, tardent à se concrétiser et à bénéficier à l'ensemble de la population du fait du déficit en infrastructures de télécommunication, du manque d'expertise de très haut niveau dans le secteur et de ressources financières adéquates. En plus de ces limites, la question de l'énergie se pose aussi avec acuité. L'épine dorsale de l'économie numérique demeure la disponibilité de l'électricité en abondance et en qualité.

La révolution numérique réussie, nécessite une vision et une bonne stratégie. Les retards que nous connaissons sont davantage liés aux tâtonnements et à l'incohérence des politiques où programmes de développement de l'économie numérique. Quels sont les enjeux du numérique pour le Burkina Faso du futur ? Voici posée la question de fond si l'on veut faire de l'économie numérique une option fondamentale de notre prospérité.

Comme les TIC évoluent très rapidement, il faut à la fois travailler sur le cours et le long terme. L'expansion de l'économie numérique suppose un changement de paradigme culturel. La culture du numérique doit pénétrer toutes les couches de la société afin de susciter des réflexes pro-TIC dans toutes les activités humaines. L'ensemble des acteurs, doivent être très imprégnés de cette vision afin de les motiver à porter ce nouveau projet de société. Pour ce faire, les conditions suivantes doivent être créées :

- encourager les innovations et l'esprit d'entreprise en la matière en visant particulièrement les enfants et les jeunes ;
- accroître et moderniser les infrastructures des réseaux de télécommunication à travers le pays ;

- accroitre l'utilisation des TICs dans l'usage de l'administration publique ;

- créer un pôle d'innovation technologique où seront logées des plateformes de startups, dédiées aux jeunes esprits créatifs dans le domaine du numérique ;

- intensifier la réalisation des équipements à très haut débit afin d'asseoir un réseau Internet très performant ;

- assurer le maillage de tout le pays en fibre optique pour une connexion internet de qualité ;

- consolider davantage la concurrence entre les opérateurs télécoms tout en visant la réduction de la fracture numérique par notamment le biais du fond du service universel ;

- concevoir un cadre réglementaire numérique qui promeut la confiance numérique (la protection des données personnelles, la signature électronique) et renforcer la sécurité informatique (cybersécurité) ;

- soutenir l'investissement privé à tous les niveaux du déploiement de l'économie numérique.

L'Agence Nationale de Promotion des Technologies de l'Information et de la Communication (l'ANPTIC) verra sa mission renforcée et sera dotée de plus de moyens pour impulser la stratégie d'expansion de l'économie numérique. En effet, cette vision doit être portée par une stratégie très ambitieuse qui permettra en cinq ans d'asseoir les fondements d'une véritable société de l'information.

Le développement des Tics soulève cependant des problèmes sous-jacents. Il s'agit particulièrement de la protection des données personnelles. Les données à caractère personnel concernent toutes les informations recueillies par des structures publiques ou privées concernant une personne. Il se trouve que ces informations qui ont un caractère stratégique mais privées peuvent être utilisées ou manipulées à diverses fins.

La loi sur la protection personnelle au Burkina Faso sera relue dans le sens de renforcer les droits des personnes, responsabiliser les acteurs traitant des données et crédibiliser la régulation. L'autorité de régulation en la matière, la Commission informatique et liberté (CIL) verra ses compétences et ses pouvoirs étendus.

CHAPITRE VI

Réforme de l'Etat, sécurité, défense et diplomatie

### I.	La Réforme de l'Etat

### 1)	De l'administration

Le développement d'un pays est tributaire de l'efficacité de l'administration et des institutions qui mettent en œuvre les politiques gouvernementales. La première mission de l'administration est d'assurer le service public aux citoyens. Un pays ne saurait avoir un fonctionnement adéquat sans une administration qui fonctionne correctement. Aussi, est-il impératif de mettre à la disposition du peuple burkinabè une administration publique dévouée, intègre et à l'écoute des usagers.

La fonction publique est au service de ses usagers et non le contraire. Que d'humiliation subissent tant de personnes qui sollicitent un service administratif, et qui pourtant concerne leurs droits. ! Les OSC dénoncent sans cesse la corruption dans les services de l'Etat. Tout cela doit changer. Il nous faut redonner tout son sens à la notion de service public qui est un droit pour nos populations. Il s'agit précisément d'une mission d'intérêt général en direction du peuple. Pour le sens commun, cette mission est assurée par des personnes relevant de l'administration ou de la fonction publique. Mais il est important de savoir que ce service public peut aussi, par délégation, être rendu par des organismes privés. Aussi, le fait de dénoncer la défaillance de notre service public gangréné par la corruption n'est-il pas une critique adressée seulement à notre administration publique, mais ce reproche est aussi fait en direction de tous ces acteurs du privé qui, d'une manière ou d'une autre et sous le contrôle de l'État, s'acquittent d'une mission d'intérêt général.

Le service public pour être efficace doit respecter la valeur principale qui constitue son fondement, à savoir l'égalité ou l'équité. Il s'agit de faire en sorte que tous les citoyens, dans les mêmes conditions, aient accès aux services dans le même traitement. Dans cette perspective, le service public a un rôle social important, car il contribue à la solidarité et se présente comme une source de cohésion sociale. C'est la raison pour laquelle, ce type d'activité doit impérativement échapper à la logique du marché, c'est-à-dire du profit dont la corruption fait partie. En réalité le service public ne peut être efficace que si elle repose sur une administration moderne et efficace. D'où la nécessité d'une véritable réforme et modernisation de l'Etat et de ses institutions.

L'analyse du fonctionnement de l'Etat montre que malgré les réformes annoncées, les maux censés être corrigés persistent. L'administration de façon générale n'est pas performante : procédures de travail lourdes et bureaucratiques, lenteurs dans les prises de décision et leur exécution, fonctionnement budgétivore, mauvaise qualité des services, mauvaises conditions de travail, corruption, iniquité dans la gestion du personnel. Sur ce dernier point, nous pouvons prendre le cas d'une pratique qui suscite beaucoup de controverse et donne le sentiment d'une administration qui fonctionne à double vitesse.

La question des statuts particuliers a dominé ces cinq dernières années les nombreuses revendications des divers secteurs publics. Les professions exercées au sein du secteur public n'ont pas la même histoire et ne relèvent pas de la même temporalité. Les contraintes liées à certaines professions ne se retrouvent pas dans d'autres. L'une des causes principales des mouvements sociaux qui mobilisent le secteur public au Burkina Faso depuis plusieurs années, tient d'une part à la multiplication des statuts particuliers et d'autre part à la remise en cause des acquis sociaux obtenus dans la lutte. En insistant sur cet aspect du fonctionnement de l'Etat nous avons voulu montrer l'absence d'une vision cohérente dans la gestion des agents de l'administration publique.

Une autre catégorie de dysfonctionnements se manifeste dans la lenteur et l'imprévisibilité des processus de prise de décision. L'administration souffre d'une centralisation excessive, d'une concentration de pouvoir. Toute chose qui freine particulièrement le développement du secteur prive. Une administration corrompue et lente impacte négativement l'initiative privée,

Par ailleurs, la complexité des procédures administratives n'a en rien modifie la perception de l'usager du service public de l'administration davantage portée sur le contrôle et la régularité procédurale que sur la facilitation de l'accès aux services. Le service public est au service du citoyen et non le contraire. Aucun délai n'est impose aux fonctionnaires dans le traitement des opérations et des dossiers. De sorte qu'on assiste à la léthargie dans le traitement des dossiers.

La modernisation de l'Etat touche également toutes les procédures et dispositions règlementaires, législatives et juridiques par lesquelles des mesures sont prises pour la mise en œuvre des politiques publiques. Or, lorsque nous examinons toutes ces questions au Burkina Faso, on se rend bien compte qu'à ce niveau l'Etat traîne de nombreuses tares ou des dysfonctionnements inadmissibles. Ce qui ne lui permet pas de tirer un meilleur profit de ses prérogatives.

Nombre de problèmes fonctionnels cités plus haut, seraient résolus si des progrès significatifs avaient été faits dans le domaine de la gouvernance de l'information numérique dans l'administration. Malgré l'évolution technologie et les politiques de promotion de l'économique numérique, l'informatisation des secteurs publics demeure défaillante. Les raisons sont multiples : le manque de volonté du gouvernement et des responsables des administrations, le manque de connaissances des acteurs, le manque de budget, la faiblesse des infrastructures de connexion, etc.

Le retard que connaît notre pays en matière d'économie numérique freine la performance de certains secteurs stratégiques de notre économie comme la fiscalité, la douane, la gestion budgétaire, la gestion du domaine foncier et immobilier, la gestion des ressources humaines de l'Etat, l'établissement des actes administratifs et d'état civil.

2) La corruption

La corruption est une véritable gangrène qui mine de nombreux pays. La corruption selon plusieurs rapports d'organisations non gouvernementales, est devenue endémique au Burkina Faso. Dans son rapport 2018, relatif à la corruption dans le monde et rendu public en janvier 2019, l'ONG Transparency international classait le Burkina Faso au 78ème rang sur les 180 pays de la planète. En 2019, la situation s'est aggravée puisque le pays se retrouve à la 85ème place mondiale. L'Autorité supérieure de contrôle d'État et de la lutte contre la corruption (ASCE-LC) et le Réseau national de lutte anti-corruption (REN-LAC) sont parvenus aux mêmes conclusions d'un Burkina Faso corrompu au plus haut sommet de l'État et tirant la sonnette d'alarme dans différents rapports.

Aucun effort de développement n'est possible sans une lutte conséquente contre la corruption. Dans cette perspective, il faut revoir le statut de l'ASCE-LC, surtout en termes d'indépendance véritable et de liberté d'investigation afin de la doter de moyens supplémentaires pour mener à bien ses missions. L'ASCE-LC devrait être dirigée par un procureur, sélectionné par appel à candidature par le Conseil supérieur de la magistrature. Il aura des pouvoirs étendus comme celui d'inculper toute personne mise en cause dans une procédure rigoureuse d'enquête. Ce que j'entends par là, c'est qu'il ne doit pas y avoir de secteur sanctuarisé ou de personnalité intouchable qui échapperait à la compétence de cette institution. Si certaines institutions ont un caractère sensible, les procédures et les méthodes devraient être adaptées en conséquence.

3) Des institutions de la République

S'agissant des institutions de l'Etat, trois observations s'imposent :

Premièrement, le Burkina Faso connait une inflation institutionnelle depuis ces dernières années. Certaines de ces institutions n'ont pas pu prouver leur utilité jusqu'à présent. Du reste, les domaines de compétences de certaines d'entre elles se chevauchent ou certaines d'entre elles ont vu leur champ d'action se réduire au profit d'autres ou des ministères au point où de nos jours, leur utilité se pose.

Deuxièmement, les institutions qui fondent le pilier même de l'Etat de droit et de la démocratie dans notre pays ont besoin d'être revisité. L'Etat dans son fonctionnement actuel, répond-t-il aux attentes de nos concitoyens dont la prise de conscience de leur responsabilité dans la gestion des affaires publiques est grande.

La troisième observation découle de la question que nous venons de poser. La démocratie requiert la participation effective des citoyens à l a gouvernance. C' est en étant acteur des processus décisionnels publics que les citoyens peuvent s'assurer que leurs attentes et leurs intérêts sont pris en compte. La participation effective à la gestion politique améliore la qualité de la gouvernance et la mise en oœuvre des politiques publiques.

Ce sont les citoyens qui confèrent la légitimité aux différents pouvoirs élus démocratiquement. Ceci pose la question de la place du citoyen dans l'animation des institutions en particulier des pouvoirs exécutif et Législatif après les élections. Faut-il forcement attendre les élections pour que le peuple se prononce sur le mandat de ses élus ? C'est une question de fond qui nous interpelle sur le contrôle citoyen de l'action des élus à tous les niveaux.

Le parlement qui constitue le sanctuaire de la représentation citoyenne, reste trop lié à l'Exécutif. Cette connivence entre les pouvoirs législatif et exécutif, a favorisé l'adoption d'un certain nombre de lois impopulaires comme la révision du code pénal ou la loi relative au partenariat public privé. Le pouvoir législatif ne peut s'acquitter de ses prérogatives régaliennes que s'il est autonome par rapport à l'exécutif et, s'il exerce un pouvoir significatif. C'est par le parlement qui vote les lois et contrôle l'action gouvernementale que le citoyen participe efficacement à la bonne gestion de l'Etat. Aussi, me semble-t-il important de confier aux éminents juristes et politologues burkinabè, une réflexion de fond sur la participation citoyenne dans l'évaluation de l'action des élus. Cela permettra de combler le déficit démocratique que l'on observe malheureusement de nos jours.

Au total, la réforme et la modernisation des institutions sont un vaste chantier que nous engagerons afin de parvenir à un Etat vertueux, efficace, productif et véritable moteur de notre développement. Cette réforme devrait entraîner une démocratie plus participative.

4) L'organisation du territoire et les questions foncières

La question de l'organisation de l'Etat et de la décentralisation demeure au cœur de la politique du développement économique et social et la participation du citoyen à la gestion de la chose publique comme nous le soulignons plus haut. Aux termes de la loi fondamentale, la décentralisation constitue le processus par lequel, la responsabilité du développement local et la gestion des affaires locales sont confiées aux collectivités territoriales. Mais dans la réalité, la plupart des communes, au regard des textes en vigueur et les réalités auxquelles elles sont confrontées, ne sont pas en mesure de promouvoir le développement local. En effet, si la décentralisation dans certaines collectivités a permis des changements, son impact reste encore faible dans la production de richesses et la réduction sensible de la pauvreté. C'est pourquoi, en matière de décentralisation, la mise en place d'un véritable système de financement des investissements des collectivités s'impose. C'est par ce billet, qu'elles disposeront des ressources conséquentes pour offrir aux populations les services locaux de base comme le recommandait du reste depuis 2007, le Laboratoire citoyenneté.[39]

Du reste, la mise en œuvre de façon complète et diligente, du transfert de compétence des ressources au profit des collectivités territoriales et du soutien dans la mise en place de véritables pôles régionaux de développement s'impose. De même, les exécutifs locaux devraient voir le renforcement de leurs capacités dans l'élaboration et la mise en œuvre des plans de développement régionaux et communaux en cohérence avec la stratégie nationale et les politiques sectorielles.

Le terrorisme en créant une situation d'insécurité générale dans plusieurs régions a entrainé la fermeture de nombreuses

---

[39] Laboratoire citoyenneté : Etat des lieux de la décentralisation au Burkina Faso, étude réalisée par Jean Martin KI, mars 2007

infrastructures administratives, éducatives, sociales et économiques.

Il importe urgemment, de remettre en état de service, les structures administratives déconcentrées et décentralisées dans les zones touchées par le terrorisme par la réouverture des préfectures, mairies, établissements scolaires et sanitaires, brigades de gendarmeries, commissariats de police et autres structures de l'Etat.

Enfin, la question foncière constitue l'une des bombes à retardement de notre société. Son explosion pourrait être dévastatrice pour notre pays. La réforme foncière adoptée en 1984 a connu plusieurs évolutions dues à la complexité du sujet. Il nous apparaît clairement que malgré certaines avancées, la question foncière demeure entière à la fois sur la problématique de l'accès à la terre et les risques de dépossession des populations par la montée fulgurante des conglomérats immobiliers. L'important rapport d'enquête parlementaire de 2016 sur le foncier au Burkina Faso, même s'il a été manipulé et biaisé pour des calculs politiques soulevait cependant des interrogations légitimes. La nécessité d'une relecture de la loi sur le foncier dans une approche inclusive et participative s'impose. Il y va de la cohésion sociale et de la paix.

5) La justice

Le pouvoir judiciaire est un pilier fondamental de l'Etat. C'est l'institution qui veille au respect des lois et préserve les droits de chaque citoyen. La première fonction de la justice est de faire en sorte que tout le monde respecte le droit. Dans ces rapports avec le pouvoir exécutif ou législatif, la justice a l'obligation d'afficher son indépendance. Or sur ce point, du chemin reste à parcourir malgré les progrès réalisés ces dernières années avec les différentes lois sur le Conseil Supérieur de la Magistrature et le statut de la magistrature. Comme nombre de démocrates burkinabè, je me félicite de ces avancées qui ont permis sous le CNT l'adoption des lois qui ont consolidé l'indépendance de notre justice, grâce au *Pacte National pour le Renouveau de la Justice*, adopté à l'issu des états généraux de la justice tenus en 2015. Ainsi, aux termes de la loi constitutionnelle 072-2015, désormais les magistrats du parquet ont pour supérieurs hiérarchiques les procureurs généraux et non le Ministre de la Justice.

De même, le Conseil Supérieur de la Magistrature s'affranchit de la tutelle du Président du Faso. Cette loi a apporté une innovation importante qui reste cependant à être matérialisée dans les lois organiques qui dépendent de cette réforme constitutionnelle. Mais comme l'a dit le magistrat Emmanuel Ouédraogo « le poids de l'exécutif est énorme sur la justice. Ce qu'un pouvoir exécutif veut que sa justice soit, c'est ce que sa justice sera. Le juge n'est pas politique, donc il n'est pas maître de certaines décisions qui sont déterminantes pour une véritable justice. »[40] Voilà bien résumé le

---

[40] Netafrique.com du 23 août 2018

nœud gordien de l'indépendance de la justice dans notre pays.

Le rôle de la justice est fondamental dans la société dans la mesure où elle règle les conflits entre les citoyens, protège chacun de nous dans ses droits et répare s'il y a lieu les tords subis. Or cette mission se heurte à de nombreux problèmes liés particulièrement à l'accès à la justice. Celui-ci requiert la mise en place de mécanismes de règlement des différends qui soient proches, compréhensibles, adaptés aux besoins des utilisateurs et qui garantissent la célérité de la justice. Or dans ce cas précis, notre justice n'est toujours pas en mesure de traiter dans les délais raisonnables les dossiers qui sont en sa possession. Ce goulot d'étranglement incite les citoyens à se rendre justice.

Un effort devra être fourni pour augmenter les juridictions sur toute l'étendue du territoire, accroître les ressources humaines et renforcer les capacités de travail des magistrats et des autres personnels de la justice. Si l'adoption des nouveaux statuts des magistrats a entrainé une certaine incompréhension des autres travailleurs de l'Etat, il s'avérait nécessaire de placer le corps de la magistrature dans des conditions de rémunération qui les mettent à l'abri de la corruption. Il y va de l'intérêt même des citoyens que les magistrats soient indépendants. Ceci étant, ils doivent se départir des comportements qui ont souvent terni leur image au sein des populations.

La justice est au cœur du débat sur la réconciliation nationale. Le moins qu'on puisse dire est que les juridictions exceptionnelles ont été toutes sauf des facteurs de justice sociale et de réconciliation. La nature même de ces juridictions fait qu'elles sont des instruments qui sont plutôt au service du pouvoir en place que de la société. A quelle indépendance peut-on s'attendre de la Haute Cour de Justice, au regard de sa composition et de ses procédures ? A quelle justice peut-on s'attendre des tribunaux militaires dont la nature les rend dépendants de la hiérarchie militaire et donc du pouvoir?

Les juridictions exceptionnelles peuvent se comprendre même dans un pays démocratique si l'on change les objectifs pour lesquels ils ont été créés, Il s'agit par exemple de rendre la justice de façon impartiale et ne pas humilier et condamner sans tenir compte de la présomption d'innocence, des personnalités qui ont assume certaines fonctions de l'État.

L'indépendance des magistrats est aussi liée à leurs compétences professionnelles. Ce qui manque le plus a la justice burkinabè pour gérer
les dossiers, c'est l'absence ou l'insuffisance d'expertise dans certains domaines (terrorisme, criminalité financière, corruption, cybercriminalité, etc.); d'ou la nécessité de prioriser la formation et la spécialisation des magistrats. Aussi, est-il nécessaire de créer un centre de haut niveau spécialisé dans les secteurs nécessitant des connaissances approfondies pour mieux outiller les magistrats

et les auxiliaires de justice. Ce centre dispensera également une formation continue pour remettre régulièrement à niveau le personnel judiciaire. La question des infrastructures des juridictions se posent avec acuité. Ouagadougou et Bobo-Dioulasso devraient être dotées de palais de justice moderne.

Par ailleurs, l'histoire politique de notre pays est marquée par de nombreux événements qui ont laissé de lourdes cicatrices dans la société. Les difficultés de parvenir à la réconciliation tant clamée par tous les acteurs sociaux et politiques ces dernières années s'expliquent par les rancœurs qui tenaillent les cœurs des Burkinabè. La justice classique ne pourra jamais parvenir à réconcilier les Burkinabè tant qu'elle sera perçue comme une justice des vainqueurs sur les vaincus.

La question de la justice pénale m'interpelle particulièrement au regard de sa sensibilité. Moi-même j'en ai fait une expérience douloureuse. Mais je salue l'impartialité du tribunal qui m'a blanchi de tout soupçon, dans l'affaire du putsch manqué de 2015.

Plus concrètement, j'aborde dans ces lignes, le sujet délicat de la justice pénale. Dans son exercice, elle doit rester objective, car, comme tous les peuples, le peuple burkinabè exige une application impartiale de la loi et le respect de la régularité des procédures de justice. Si ces principes essentiels prônés par tout système judiciaire sont bafoués, c'est la porte ouverte à la dislocation de la cohésion sociale et de l'unité nationale. Dans ce cas de figure, la justice est instrumentalisée et devient le bras armé de l'exécutif qui, pour une raison ou une autre, utilise l'institution judiciaire soit pour éliminer de la course au pouvoir un opposant jugé dangereux, soit un groupe d'acteurs de la société civile perçu comme un frein à leur accession au pouvoir, ou en tout cas empêchant de tourner en rond.

Il ne suffit pas de tenir un procès pour rendre justice, car une faute morale par exemple ne peut pas tenir lieu de délit ou de crime. De même qu'on ne peut pas transformer ses besoins en connaissances, de même on ne peut pas transformer ses besoins en droit, et on ne crée pas un délit ou un crime pour les besoins d'une cause en créant des lois de circonstance mettant en situation délictueuse ou criminelles des actes qui, au moment de leur commission, ne constituaient ni délit ni crime. Un procès instruit dans de telles conditions est nécessairement un procès politique qui, par conséquent, ne peut échapper à la partialité et à l'arbitraire. Un tel procès, à défaut d'être illégal, est *a fortiori* injuste, mettant ceux qui le subissent dans la frustration, car, de fait, la justice porte les habits de la vengeance. Ce type de situation a deux effets pervers :

Le premier effet est la perversion de la justice pénale qui n'a plus de légitimité propre. Quel crédit, en effet, peut-on accorder à une telle justice ? Cette justice-là n'est que l'ombre d'elle-même puisqu'elle n'est que l'instrument de règlement de compte personnel. Du coup, c'est la démocratie elle-même qui se trouve pervertie, car en l'absence d'un système judiciaire impartial, respectant la régularité des procédures de justice, il n'y a point de démocratie.

L'autre effet pervers est lié au préjudice que subissent les victimes d'une telle dérive de l'institution judiciaire. Ces derniers irrémédiablement, qui ne reconnaissent plus en l'État la légitimité de dire la loi, deviennent en quelque sorte des victimes de l'État qui attendent, à leur tour, l'occasion de se venger. S'installe alors une sorte d'escalade de la vengeance qui n'est pas propice à la cohésion sociale et à l'unité nationale.

S'inscrivant dans un registre différent mais l'analogie que je fais n'est pas inutile, le philosophe allemand Hegel affirme : « La vengeance se distingue de la punition en ce que l'une est une réparation obtenue par un acte de la partie lésée, tandis que l'autre est l'œuvre d'un juge. C'est pourquoi il faut que la réparation soit effectuée à titre de punition, car, dans la vengeance, la passion joue son rôle et le droit se trouve ainsi troublé. De plus, la vengeance n'est pas la forme du droit mais celle de l'arbitraire, car la partie lésée agit toujours par sentiment ou selon un mobile subjectif. Aussi bien le droit qui prend la forme de la vengeance constitue à son tour une nouvelle offense, n'est senti que comme conduite individuelle et provoque, inexplicablement, à l'infini, de nouvelles vengeances »[41]

Cette distinction hégélienne entre vengeance et punition est pour moi pleine d'enseignement qui confirme bien que la situation que j'ai décrite ci-dessus est bien une vengeance, même s'il s'agit d'un acte posé par un juge. Ce juge ne sert pas l'autorité de la loi, mais celle d'intérêts particuliers, d'inclinations (ce que Hegel désigne par passion), dont lui-même tire nécessairement un intérêt certain, donnant à sa décision d'être en dehors de tout cadre légal, c'est-à-dire d'être arbitraire selon Hegel.

La question qui se pose dès lors, alors même que des citoyens sont condamnés, souvent de façon lourde, c'est de savoir que faire lorsque

---

[41] F. Hegel, Propédeutique philosophique (1808)

les acteurs d'une telle justice indigne d'un État démocratique ne sont plus au pouvoir ? Faut-il remettre en cause une décision de justice souveraine ? La question est complexe et nous impose une réflexion fine et de bon sens. Afin d'éviter ce type de situation pleine d'embarras et d'inconfort, il faut exercer une gouvernance idoine qui respecte les principes de la séparation des pouvoirs et du contrôle démocratique. En l'occurrence, il s'agit d'appliquer la loi, c'est-à-dire de laisser la justice pénale faire son travail en toute indépendance[42] en évitant que des intérêts subjectifs interfèrent dans la procédure.

J'insiste pour affirmer encore que le bon fonctionnement de notre justice demeure le nœud gordien de notre démocratie et, surtout, le garant de la cohésion sociale et de l'unité nationale. Cela s'est vérifié dans notre histoire récente. En effet, la question de l'impunité ou plutôt le sentiment d'impunité éprouvé par les Burkinabè à propos de certains évènements douloureux survenus

---

[42] Cf. Constitution du Burkina Faso, Titre VIII, Art. 129.

dans notre pays. Notre histoire est pleine de leçons qui nous enseignent que la justice est la force et la faiblesse de notre démocratie. Ce sont des leçons dont il faut s'inspirer afin d'éviter de commettre les mêmes erreurs que par le passé.

Il n'est pas dans notre intention de cultiver l'impunité pour les actes posés par les citoyens lorsque je privilégie la justice transitionnelle. L'option de la justice transitionnelle permet de rendre justice tout en privilégiant le pardon. Aussi, notre choix pour une justice transitionnelle sera matérialisé par une instance de dialogue, de vérité, justice et de pardon. Il faut éponger le passif social dans la concorde pour bâtir un Burkina réconcilié, fort et uni. En tant qu'institution phare de la démocratie et de l'Etat de droit, la justice occupera une place de choix dans les réformes qui seront opérées parce qu'elle constitue la garante de la bonne gouvernance politique et économique ainsi que la préservation de la paix sociale dans un pays démocratique.

En effet si les états généraux de la justice tenus en 2015 ont permis certaines avancées, il reste que le climat politique dans lequel il s'est tenu à l'époque n'a pas permis de poser des diagnostics objectifs et de prôner des solutions qui auraient pu révolutionner notre justice. C'est pourquoi, la tenue d'un nouveau forum sur la justice avec une participation inclusive de la société devient indispensable. La justice demeure le pilier de la démocratie, du développement et de la paix sociale.

## II.	Nouvelles menaces et politique nationale de défense et de sécurité

La question de la sécurité constitue la préoccupation principale des Burkinabè. Pour un peuple longtemps habitué à la quiétude sociale, rien n'est plus tragique que de découvrir les ravages du terrorisme du jour au lendemain. Le terrorisme sème non seulement la désolation au sein des populations et endeuille les familles mais aussi menace gravement les fondements de notre

Etat. Le terrorisme et toutes les formes d'extrémismes violents annihilent en effet les efforts de développement et menacent les socles de notre société que sont : l'unité nationale et la cohabitation inter-religieuse et interethnique reconnues partout dans le monde. Les communautés, malgré certains conflits, ont toujours vécu dans la symbiose, transcendant les barrières ethniques, religieuses et politiques.

La crise sociopolitique de 2014 et la transition politique ont porté un sévère coup à la cohésion de l'armée burkinabè et désorganisé et affaibli un système de sécuritaire performant mis en place à l'époque par le président Compaoré. Ceci a eu pour conséquence, la fragilisation de notre système sécuritaire et de défense face à l'explosion terroriste. Comme je l'ai souvent dit, la dissolution du Régiment de soutien présidentiel (RSP) a été un acte grave dont nous mesurons aujourd'hui les conséquences.

Le terrorisme a éclaté dans des zones où la couverture sécuritaire était déjà faible. Les services de police ou de gendarmerie étaient presque inexistants dans certaines zones du pays.

Face à un tel vide sécuritaire combine à une végétation dense dans certaines localités comme à l'est, les bandes terroristes et autres criminels avaient le champ libre devant eux. C'était pour prévenir le terroriste et lutter contre le grand banditisme que le régime Compaoré avait créé le Groupement de forces antiterroristes (GFAT).

La précarité en milieu rural pousse aussi de nombreux jeunes à se faire recruter par les groupes terroristes ou à se lancer dans la criminalité organisée,

L'irruption du terrorisme dans notre pays est aussi liée à des facteurs géopolitiques, géoéconomiques et géostratégiques. Notre pays jusque-là épargné par les groupes terroristes qui sévissaient au Mali et au Niger, a vu sa résilience s'effriter après l'insurrection d'octobre 2014. Depuis 2016, le Burkina Faso a sombre dans le terrorisme à commencer par les attaques de la capitale puis le déclenchement du conflit dans le

Nord et l'Est mené par des groupes djihadistes venus du Mali et qui ont trouvé dans la région du Sahel et du Gourma un terreau propice pour se développer.

Depuis lors, de très nombreux civils et militaires ont été tués et près d'un million de personnes ont dû fuir les zones en conflit pour s'installer ailleurs dans le pays et à l'étranger. Jamais nous n'avons connu un tel désastre humanitaire. Bien que démunies et désarmées au départ, les Forces de Défense et de Sécurité (FDS) continuent de mener une lutte acharnée contre les terroristes. Elles partent défavorisées dans cette guerre asymétrique à laquelle elles font face pour la première fois sur le territoire national.

Depuis les attaques de 2016, nous ne voyons aucune stratégie opérationnelle de lutte contre le terrorisme. De ce fait, les bandes terroristes prennent une longueur d'avance sur les FDS auxquelles, ils imposent cette guerre asymétrique. Comment du reste avoir une stratégie cohérente dans la lutte contre cette gangrène si l'on ne cerne pas l'origine même du mal ? La question de la sécurité du territoire et des citoyens est plus que jamais la donne essentielle de notre avenir. Aucun sacrifice ne sera de trop pour nous débarrasser des bandes terroristes sur le territoire national.

La question sécuritaire s'impose donc comme une priorité urgente pour laquelle tous les burkinabé sans exception doivent s'engager dans leur vie quotidienne. Pour ce faire, ma vision sur la sécurité nationale et spécialement la lutte anti-terroriste et toutes les violences qui portent préjudice à l'homme et au développement du pays s'articule autour de trois axes majeurs. Mais l'on comprend que pour des raisons objectives, je ne peux rentrer dans les détails de la stratégie en matière de sécurité nationale.

1) L'urgence de mettre un terme au terrorisme

Face au fléau du terrorisme, je l'ai dit, aucune solution ne peut être négligée, qu'elle soit politique ou extrapolitique. En effet, on n'a pas besoin d'être à la place des populations rurales qui souffrent de cette barbarie pour comprendre que tous les moyens sont bons pour apporter la paix.

Dans ce sens, la négociation s'avère incontournable pour régler définitivement la question infernale du terrorisme dans la sous-région et particulièrement au Burkina Faso. L'histoire de la lutte contre les groupes armés dans plusieurs parties du monde, montre que malgré ses limites et ses aléas, la négociation constitue une alternative pour sortir des guerres asymétriques. Ainsi, il ne faut pas hésiter à recourir à des médiations externes et internes dans notre lutte contre le terrorisme. Ceci étant, toute négociation repose sur des principes qui respectent la constitution.

2) La réforme du secteur de la défense et de la sécurité

Tout en reconnaissant la qualité du travail abattu par les forces de défense et de sécurité, il sied de réformer ce secteur en vue de le rendre plus opérationnel et en phase avec les nouvelles menaces sur la sécurité des Burkinabè. Dans cette optique, ma vision sur la question repose sur plusieurs paramètres :

- l'anticipation pour identifier les menaces, les risques et défis auxquels la sous-région et le Burkina Faso sont confrontés à court et à long terme, afin d'apporter des réponses appropriées dans le temps et dans l'espace ;

- la réforme du secteur de la défense et de la sécurité en repensant les relations tactiques existant entre le secteur de la défense, les services de sécurité et les institutions civiles impliquées dans la gestion et le contrôle du secteur de la défense et de la sécurité dans le but d'une meilleure coordination stratégique ;

- le renforcement des capacités stratégiques et tactiques par l'acquisition de moyens matériels performants, adaptés à toutes les menaces et situation, en particulier terroriste qui pèsent sur le Burkina Faso. Un vaste programme permettant dans ce cadre d'améliorer les conditions de travail dans tous les états-majors et unités de l'armée, des brigades de gendarmerie, des commissariats de police, des postes douaniers et forestiers ;

- la professionnalisation des forces de défense et de sécurité face à la multiplicité des menaces et risques qui pèsent sur la paix intérieure. Pour ce faire, la formation des hommes et des femmes de ce secteur devrait répondre à toutes les exigences d'une armée et des services de sécurité modernes et performants ;

- l'amélioration des conditions de vie et la sécurité des acteurs du secteur ;

- l'instauration d'une gouvernance vertueuse à tous les niveaux, afin de rationaliser l'utilisation efficace et efficiente des ressources matérielles et financières déployées dans un contexte national budgétaire   difficile. Dans ce même ordre idée, une aménioration conséquente devraient apporter à l'amélioration des conditions de vie des acteurs du secteur ;

- l'implication des populations dans une nouvelle approche de la défense populaire et de   police de proximité. Une option majeure sera faite pour la promotion à travers les programmes éducatifs des valeurs de patriotisme, de civisme et de tolérance.

3) La lutte contre la pauvreté, les inégalités et l'ethnicisme

La lutte contre le terrorisme doit privilégier une approche holistique   qui intégrerait outre l'aspect   militaire,   d'autres   dimensions : politique, économique, diplomatique, religieuse, éducative et   culturelle. C'est pourquoi les réponses à la menace terroriste ne peuvent se réduire seulement à la riposte militaire.

La lutte contre le terrorisme passe également par un consensus national. Or, depuis l'insurrection, la cohésion nationale est durement éprouvée par les politiques d'exclusion et de sectarisme de la majorité au pouvoir. Ces fissures sociales constituent des portes ouvertes qui charrient la radicalisation religieuse et ethnique. Le massacre comme celui de Yirgou en janvier 2019 n'aurait jamais dû se produire dans notre pays où, auparavant, les valeurs sociales reposaient sur l'intégration des ethnies et la tolérance religieuse.

De même, l'on assiste dans une forme de complicité à la propagation de la stigmatisation d'une partie des populations, notamment les peuls, accusés de constituer les terreaux du terrorisme. Si certains jeunes pour des questions de proximité géographique se sont laissés enrôlés dans des organisations terroristes, ils ne représentent rien par rapport à la grande majorité des populations indexées. C'est pourquoi, nous pensons que l'éducation doit occuper une place importante dans la recherche de la cohésion nationale et la paix sociale. « Les guerres prenant naissance dans l'esprit des hommes, c'est dans l'esprit des hommes que doivent être élevées les défenses de la paix », comme le dit si bien, une des recommandations emblématiques de l'UNESCO.

Les Burkinabè devraient relire leur histoire contemporaine pour cerner les valeurs que les pères de la nation nous ont léguées. Des valeurs qui ont fait pendant des décennies, l'assurance vie de notre société. Si le président Roch Marc Christian Kaboré a souvent appelé à l'union sacrée pour lutter contre le terrorisme, cette incantation est restée vaine, parce qu'aucune mesure concrète n'a jamais été proposée pour impliquer tous les Burkinabè.

Enfin, la pauvreté et les inégalités ont creusé le lit du terrorisme dans certaines régions. Le désœuvrement et l'ignorance aidant, des jeunes se sont faits embrigadés par les mouvements terroristes. C'est pourquoi, les plans de développement dans certaines régions très pauvres doivent être ambitieux afin de résorber le retard en matière d'infrastructures économiques, sociales, sportives et culturelles. Par ailleurs, un programme spécial pour accélérer la scolarisation, l'autosuffisance alimentaire, le développement des services sanitaires et la résorption du chômage des jeunes devrait être déployé dans les meilleurs délais.

La question sécuritaire s'impose donc comme une priorité urgente pour laquelle tous les burkinabé sans exception doivent s'engager dans leur vie quotidienne. Mon engagement est donc de faire en sorte que la sécurité soit réellement celui de tous les Burkinabès au-delà de leurs appartenances politiques, religieuses ou sociales. J'ai foi en la capacité des Burkinabè à gagner la lutte contre le terrorisme et toutes les formes de violences qui déstabilisent l'Etat.

III.   Réhabiliter l'image du Burkina Faso par une nouvelle diplomatie

1) La sécurité l'axe majeure de la diplomatie

Les attaques terroristes ont eu un impact négatif sur l'image du Burkina Faso durant ces cinq dernières années. Considéré comme un pays à haut risque sécuritaire, le Burkina n'attire plus ni touristes ni investisseurs, tout au contraire. C'est pourquoi, j'apprécie positivement les efforts de tous les pays et toutes les organisations internationales qui, en dépit, de cette situation continuent d'apporter leur contribution au développement du Burkina Faso.

Définir une nouvelle diplomatie dans un tel contexte n'est pas simple. Indépendamment même de la situation interne, notre politique extérieure s'inscrit dans un monde en pleine mutation tant au niveau sous-régional, régional que mondial. De nombreux paramètres politiques, économiques, stratégiques se bousculent sous nos yeux sans que nous puissions savoir à ce jour, jusqu'où tout cela conduira le monde.

La question sécuritaire est devenue au plan mondial la principale préoccupation des peuples et de leurs dirigeants. La crise sécuritaire qui a embrasé le Sahel, résulte incontestablement du renversement du régime de Mohamad Kadhafi en 2012 par certaines puissances occidentales. Le chaos qui s'est installé en Lybie a eu des impacts négatifs sur la stabilité des pays sahéliens.

Comme ma priorité demeure la recherche d'une paix durable, gage de notre développement, il va s'en dire que celle-ci sera au cœur de ma politique extérieure. La paix au Burkina Faso est liée à notre environnement géopolitique, dominé par la déstabilisation terroriste. Aussi, devons-nous soutenir la coopération en matière de défense et de sécurité notamment au sein du G5 Sahel et l'étendre même aux pays voisins côtiers.

Cependant, dans notre vision, la responsabilité de la lutte contre les groupes terroristes dans le Sahel incombe d'abord aux Etats concernés. Seules les forces armées nationales et de sécurité bien formées et convenablement équipées pourront enrayer les actions dévastatrices des terroristes de tous bords qui sévissent inlassablement au Sahel. Dans ce sens, face à l'intensité de cette guerre asymétrique qui sévit, les pays du G5 Sahel doivent asseoir une politique de défense commune, en mutualisant les forces et les moyens avec comme finalité la mise en place d'une armée intégrée avec un commandement opérationnel unique. Cette armée aura pour mission principale de démanteler toutes les bases terroristes et criminelles dans un objectif à court et moyen terme.

Cependant, on aura toujours recours aux forces extérieures qui seront composées de plusieurs pays pour appuyer nos armées dans le domaine des renseignements et de la logistique de pointe. Les effectifs des armées étrangères seront donc significativement réduits.

2) L'intégration sous-régionale un choix stratégique

La situation sécuritaire au Sahel montre à quel point, il faut redoubler d'effort pour l'intégration sous-régionale et régionale. Cette question sera aussi au cœur de notre politique extérieure. Notre pays s'inscrit dans la Vision 2063 de l'Union africaine dans laquelle l'intégration politique et économique des Etats constitue l'axe majeur. Nous devons nous impliquer dans tous les grands chantiers de l'intégration au niveau sous-régional et régional. Il s'agit principalement : la libre-circulation des biens, la libre-circulation des personnes, l'intégration financière et macroéconomique, l'infrastructure régionale, la sécurité etc.

La création d'une monnaie commune à la Communauté économique des États de l'Afrique de l'Ouest (*CEDEAO*), nous semble la seule option viable si le développement de nos économies passe par l'effectivité du vaste marché sous-régionale. Au-delà des questions techniques souvent évoquées pour mettre en place l'Eco de la CEDEAO, c'est la volonté politique des Etats membres qui fait défaut. L'effacement du franc CFA au profit de l'Eco n'est donc qu'une option provisoire dans l'attente de l'avènement de la monnaie commune de la CEDEAO qui ne saurait tarder.

J'ambitionne voir le Burkina Faso devenir un catalyseur de l'intégration africaine. Les mutations politiques et économiques que nous observons dans le monde se font au détriment des Etats pris individuellement. La CEDEAO pour mieux jouer son rôle, devrait revisiter ces textes fondamentaux pour être en phase avec les aspirations de ses peuples et l'évolution du monde.

3) Une diplomatie offensive

La nouvelle diplomatie burkinabè sera très ambitieuse et offensive. Je veux une diplomatie de rayonnement fondée sur le bon voisinage, la paix, la promotion de l'amitié entre les peuples burkinabè et ceux des autres pays. L'Etat étant une continuité, je m'engage à préserver toutes les relations diplomatiques actuelles et à respecter tous les accords de coopération signés au plan bilatéral et multilatéral. Je ferai en sorte que nous puissions ouvrir d'autres opportunités dans l'intérêt de notre pays.

Le champ des relations internationales s'est beaucoup élargi. C'est pourquoi, l'action diplomatique burkinabè doit s'élargir à d'autres horizons. Dans ce sens, les missions de nos ambassades seront redéfinies pour les adapter à la complexité des relations internationales actuelles et aux nouveaux défis de développement du Burkina Faso. Une attention sera accordée aux questions environnementales, d'intelligence économique, de technologies nouvelles, d'intelligence scientifique et de diplomatie scientifique.

Les missions diplomatiques burkinabè seront essentiellement dirigées par des professionnels du domaine, très compétents et aguerris sur les questions internationales. Si la nomination des ambassadeurs est de la prérogative du chef d'Etat, il sera mis en place un comité consultatif de haut niveau surtout composé de diplomates à la retraite pour aider à orienter le choix des futurs ambassadeurs.

Une attention particulière sera accordée à la diaspora burkinabè dont l'implication dans la vie politique, économique et sociale sera plus forte. Notre pays compte une des diasporas les plus importantes d'Afrique, proportionnellement à sa population. En plus, cette diaspora compte de nombreux entrepreneurs fortunés, de très hauts cadres, des universitaires et des intellectuels de tout domaine ainsi que des braves travailleurs dans les divers secteurs d'activités. Les Burkinabè vivant à l'étranger ont en général une très bonne réputation. Autant d'atouts en font une richesse inépuisable qui pourrait être profitable au développement du pays. Dans ce sens, j'entrevois quatre (04) initiatives.

Premièrement, l'institution du Forum « Faso Nooma » qui regroupera, sur une périodicité à préciser, les Burkinabè de l'extérieur dont la contribution au développement du pays est déterminante. Un prix spécial et des distinctions honorifiques seront décernés à l'occasion à nos compatriotes qui dans le monde se sont distingués par leur ingéniosité ou ceux ayant réalisé des projets structurants dans notre pays. Cette manifestation sera couplée à un salon économique et financier dénommé « J'investis dans mon pays ». Ceci pour accroitre l'implication des Burkinabè de l'extérieur dans la mise en œuvre de projets de développement au Burkina.

Deuxièmement, des réformes politiques devront être opérées pour permettre l'élection à l'Assemblée nationale d'un député représentant la diaspora. La présence d'un élu de la diaspora au parlement permettra de mieux prendre en compte les préoccupations des Burkinabè de l'extérieur.

Troisièmement, il faudra créer un Centre d'orientation et d'assistance à la diaspora. Ce centre devrait répondre à toutes les préoccupations des Burkinabè de la diaspora. Cette structure sera une forme d'interface entre les Burkinabè vivant à l'étranger et toutes les entités privées ou publiques pouvant les intéresser. Elle jouera aussi le rôle d'une assistance technique pour la réinsertion des Burkinabè qui rentrent définitivement dans le pays.

Notre diplomatie devrait être plus offensive sur un autre aspect qui me tient à cœur. Il s'agit du placement, du positionnement et du suivi des cadres burkinabè dans les organisations internationales. Il faut déplorer le fait que notre pays a toujours eu une approche timorée pour placer ses cadres dans les organisations internationales. Le plus souvent, ceux qui ont réussi à atteindre de très haut niveau, l'ont été par leurs propres relations. C'est pourquoi, il faudra une politique avisée de placement et de valorisation des cadres burkinabè dans les organisations internationales.

Également, me semble-t-il nécessaire d'engager une mission diplomatique chargée de soutenir nos entreprises qui s'expatrient à la conquête des marchés sous-régionaux et régionaux. Il faut se féliciter qu'en dépit de l'absence de soutien de l'Etat, plusieurs sociétés à capitaux burkinabè se sont exportées et imposées à l'extérieur par la qualité de leurs services et de leurs prestations. Cela constitue une fierté pour notre pays. Un accompagnement par une diplomatie dynamique leur permettra de consolider leurs acquis et ouvrir de nouvelles opportunités pour d'autres qui nourrissent les mêmes ambitions.

Enfin, la diplomatie burkinabè ne sera efficace que si elle repose sur un personnel compétent, motivé et dévoué. Aussi, est-il indispensable d'offrir au personnel diplomatique des plans de carrière attractifs et de meilleures conditions de travail. Un audit de toutes les missions diplomatiques doit être mené en vue d'une rationalisation des ambassades qui permettra de leur apporter des appuis plus conséquents.

La diplomatie est un enjeu majeur du développement. Elle doit donc occuper dans la politique gouvernementale, une place prépondérante. Mon ambition est de donner à l'orée de 2025, un grand rayonnement international à notre pays. Ce rayonnement ne peut être que bénéfique pour notre pays, afin d'attirer plus d'investisseurs et plus de touristes ; donner une meilleure image du Burkina Faso ; en faire un pays mieux connu et respecté dans le monde.

CONCLUSION

Au terme de cette réflexion, je me mesure à quel point les attentes des Burkinabè sont immenses et pressantes. Le président Blaise Compaoré avait l'habitude de dire que dans notre pays tout est prioritaire. Diriger un pays comme le Burkina Faso va au-delà de la simple ambition. C'est surtout une question de volonté politique, de vision et de capacité à se sacrifier pour son peuple. Mieux, en raison de notre histoire récente, le peuple a besoin d'un dirigeant capable de s'élever au-dessus de tout a priori, pour rassembler et réconcilier les citoyens.

Mon désir de servir le pays s'appuie sur ces dimensions capitales d'une gouvernance politique durable, intègre et transparente. Certaines personnes me jugent sans connaître mon parcours. Mes parents m'ont donné une éducation qui puise ses racines dans la pure tradition « moaga » fondée sur le travail, la discipline, le service aux autres et l'humilité. Mon défunt père et ma vieille maman ont toujours été et demeurent   pour moi une référence de mon cheminement humain, social, professionnel et politique.

Fortifié en cela, également, par une éducation chrétienne et à travers la Jeunesse-étudiante catholique (JEC), j'ai toujours eu un esprit d'ouverture, de fraternité et de partage. Ce sont toutes ces valeurs traditionnelles et religieuses que mon épouse Nicole Somé et moi inculquons dans la cellule familiale à nos enfants.

Issu d'une famille modeste, j'ai appris à me battre et à me sacrifier ; cela m'a permis, à l'issue de mes études de me lancer dans l'entreprenariat par la création de mon cabinet d'expertise comptable. Parallèlement, je donnais des cours à l'université de Ouagadougou. J'avais tout simplement dès mon jeune âge de l'ambition et de la vision. Avec tout le respect que j'ai pour les serviteurs de l'Etat, je me suis toujours dit que mon salut ne viendra pas forcément de la Fonction publique. Cela m'a motivé à frayer mon chemin dans le milieu des affaires malgré les difficultés et les incertitudes qui jalonnent le chemin de tout entrepreneur privé.

Mon expérience en qualité de député à l'Assemblée nationale m'a donné une dimension supplémentaire dans la compréhension des politiques gouvernementales et l'importance du pouvoir législatif dans la consolidation de la démocratie, de la gouvernance, du développement économique et de la cohésion sociale.

Tous ceux qui pensent à tort ou à raison qu'il faut forcément avoir été ministre ou président d'institution pour prétendre diriger un pays, se trompent d'époque. Depuis quelques années, des entrepreneurs sont élus à la tête de leurs Etats. Je peux citer le président Nana Akufo-Addo du Ghana, Cyril Ramaphosa d'Afrique du Sud, Patrice Talon du Bénin, George Weah du Libéria, Andry Rajoelina de Madagascar et Félix Tshisekedi de la RDC. Les uns et les autres ont des origines et des parcours différents. Mais ils ont tous en commun d'avoir été chefs d'entreprises avant d'accéder aux hautes fonctions de l'Etat dans leur pays.

La gouvernance actuelle de notre pays n'est plus adaptée aux défis du monde de demain. Son ossature doit s'appuyer sur une nouvelle vision du monde et des principes de gouvernance reconnus de tous pour en asseoir sa légitimité. Pour ce faire, il faut oser un changement de fond qui s'appuie sur trois orientations.

La première concerne le renouvellement de la classe politique. En 1983, Thomas Sankara, Blaise Compaoré et leurs compagnons en ont fait la démonstration à travers la révolution d'août. Les changements révolutionnaires n'auraient pas été possibles sans ce sang neuf à la tête de l'Etat et incarné par des jeunes qui avaient de la vision et qui n'avaient rien à perdre que de se donner à fond avec des idées novatrices pour sortir le pays des tréfonds dans lesquels il se trouvait.

J'ai donc l'intime conviction que les changements attendus au Burkina Faso doivent passer par une prise de responsabilité de la jeunesse dans la conduite des affaires de l'Etat. Il suffit de regarder notre monde économique pour comprendre que les choses doivent aller dans la vision que j'énonce. Les hommes d'affaires les plus en vue aujourd'hui au Burkina, ont en moyenne moins de la cinquantaine. Les entrepreneurs burkinabè sont des jeunes.

Ceci étant dit, je ne sous-estime en rien l'importance des aînés dans la gestion du pays. Bien au contraire, leur expérience aidera les jeunes à commettre moins d'erreurs et à réussir leurs missions.

La deuxième concerne la conception même de l'action politique. Nous avons hérité d'un système partisan fermé incapable de porter les vraies valeurs de la démocratie. Quelle est la place des partis politiques et de leurs systèmes dans une démocratie du XXIe siècle qui n'est vraiment plus la même que du temps de Montesquieu? La mondialisation contemporaine a modifié les contours de la gouvernance, à savoir les manières dont les règles sociétales sont formulées, appliquées et analysées. Les partis politiques ne doivent-ils pas réinventer leur organisation et leurs pratiques pour remplir leur rôle démocratique ? Nous voyons ce qui se passe en Europe où les formations politiques sont à bout de souffle et n'attirent plus des adhérents et des électeurs. Ils sont incapables de proposer de nouvelles offres politiques. Toute chose qui a contribué à faire le lit des populismes dans plusieurs pays européens.

La troisième concerne le poids des acteurs non étatiques ou la société civile dont la montée dans la vie politique et économique de notre pays est devenue considérable. L'une des erreurs que nous avons commises est d'avoir sous-estimé leur rôle politique dans le débat sur la modification de l'article 37. Le rôle des acteurs non étatiques est appelé à croître de façon considérable dans les années venir.

La disparition de l'autorité de l'Etat ces dernières années a entraîné une plus grande implication de ces acteurs dans la gouvernance politique et économique. D'où la nécessité, d'affirmer leur place par des dispositions juridiques qui puissent leur permettre de jouer un rôle plus important et mieux reconnu dans le système politique et économique de notre pays.

Pour moi, repenser la gouvernance c'est tout cela. Vers où voulons-nous aller ? Quelles stratégies nous permettraient d'y parvenir ? Voilà toute la quintessence des questions que je me suis posées à travers l'analyse de la situation du Burkina Faso et les ébauches de solutions que je propose.

Ma vision pour un Burkina Faso nouveau repose sur une véritable refondation de notre gouvernance. La pauvreté n'est pas une fatalité. Nous pouvons nous en sortir, la vaincre et vivre mieux. Moi j'y crois. J'incarne les espoirs d'un Burkina Faso meilleur.

Pao & Impression:
SONAZA
Ouagadougou   - Burkina Faso
Tel. : (+226) 25 36 04 16
Email: sonazasarlimprimerie@yahoo.fr
Dépôt légal n° 20-249 du 27/08/2020